揭秘
家庭教育的
10个真相

田冉——著

中国妇女出版社

前言

PREFACE

教育中的事与愿违、举步维艰，恐怕是很多家长的切实感受。比如，我们越是希望孩子做什么，孩子越是不做；我们越是不希望孩子做什么，他偏偏要做。很多时候，我们在焦头烂额之际以为寻找到了方法、出路，没想到带着孩子掉入了各种“深坑”，比如训练专注力的“坑”、提升学习方法的“坑”、戒手机的“坑”、改变行为习惯的“坑”、塑造身体素质的“坑”……

由此，许多家长无奈到自嘲：

对于“入坑”这件事，我是专业的，坑坑必入；

对于“入坑”这件事，我是事必躬亲，堪称典范；

对于“入坑”这件事，我是反反复复、来来回回地入……

为什么越是希望孩子做什么，孩子越反抗？为什么越是不希望孩子做什么，孩子越渴望？为什么父母越关注什么，孩子越容易入“坑”？

家长之所以在家庭教育这条路上有那么多坎坷，是因为在这个层面拥有不合理的思维逻辑。例如，我们希望孩子按时写作业，就会对他提强制性的要求；我们不希望孩子玩手机，就会对其进行限制；等等。这可能就是不合理的思维逻辑，是我们基于自己的需求在大脑中构建出的逻辑。由此，我们就进入了“要求产生对抗，限制形成渴望”的怪圈。基于这种思维逻辑，很多我们不想看到的教育现象就产生了——孩子对父母期待的事物越来越排斥，对父母排斥的事物越来越期待。

另外，家长对某些事物越关注，并且是带有情绪地关注，就会在无形之中带给孩子情绪压力，并由此让孩子消耗太多能量，以致孩子会排斥家长甚至发生生理心理问题。

本书旨在通过家长特别关注的10个视角，帮助家长从固有的不合理的思维逻辑中跳脱出来，走入真正能够改变孩子的行为逻辑之中。希望各位家长通过本书能够深刻理解合理的教育逻辑，拥有哲学视角以及辩证思维，从“看山是山，看水是水”的表象理论深入到“看山不是山，看水不是水”的核心逻辑上来，把教育从行为层面的约束提升到心理情绪层面的持续影响！让优秀不再是概率，让好孩子不再专属别人家！

最后，解决以及避免问题只是教育的第一步，如何培养有素质、有能力、有情怀、有担当、有使命感的孩子才是教育的核心，教育的根本！

目 录

CONTENTS

真相 3

孩子也是趋利避害的，懂得这一点让我们更轻松

真相 4

亲子关系越拧巴，家庭教育的效果越事与愿违

真相 5

孩子喜不喜欢写作业，取决于家长的态度

真相 6

孩子心态越好，学习效率越高

真相 7

孩子是否专注取决于他对事物的态度

真相 8

孩子“知道”与“做到”之间缺少的是行为逻辑

真相 9
你的“对错观”解决不了孩子的“对”与“错”

真相 10

家长的态度决定了家校沟通的质量

真 相 1

我们担心的教育问题
不一定真有问题

很多所谓家教问题其实并不存在

很多家长在解决教育问题时并没有一个明晰的思路，基本上是在拿到“已知条件”后就开始解决问题。其实，我们首先应该进入“教育评判”（教育真相的还原）环节，评判我们认为的问题是否真正存在；其次，如果问题确实存在，我们应该分析问题是如何产生的，以及它的成因；最后才真正进入解决问题的环节。

为什么有些问题并不是真正存在呢？当我们了解了“自我标准”与“感知力”之后，你就会找到答案。

第一，自我标准下的评判。

有的家长抱怨孩子不讲卫生，不喜欢洗澡，其实这个孩子会隔一天洗一次澡，只不过家长的内在标准是每天洗一次澡；有的家长抱怨孩子的语文成绩不好，其实这个孩子每次考试分数都在97分、98分，只不过家长的内在标准是满分；有的家长抱怨孩子不听话，其实是这些家长的外在要求与标准太多……

这类“问题”属于家长自我标准以及自我视角下的产物。就好像一个人自带一把10厘米长的尺子对身边的事物进行各种测量，那么能达到这个标准的事物极少。

第二，感知力不足而产生的误判。

有的家长抱怨孩子跟自己闹了别扭或者产生矛盾后，迟迟不来认错，以缓和关系，但孩子其实只是没有说出“我错了”三个字而已。例如，孩子可能会问你：“妈妈，你今天想吃什么呀？”“你今晚几点回来呀？”“我有东西找不到了，你过来帮我找找呗！”孩子已经在通过这种“找话说”的方式缓和关系，传递抱歉情绪，只是家长感受不到罢了。

在家长反馈的问题当中，有很大一部分不是问题的“问题”来自家长在自我标准下的评判以及由于内在感知力不足而产生的误判。

排除以上这些不是问题的“问题”，我们再来分析和探究问题的成因，最终判断问题该如何解决。解决问题的三个步骤如下。

1.判断问题是否真正存在；

2.还原问题的真正成因；

3.进入解决问题的具体环节。

本章后面将根据以上三点来详细诠释具体问题的判定以及解决问题的具体流程。

解决问题的步骤一：判断问题是否真正存在

家长提问：我和女儿之间的关系真的出了问题吗？

有位妈妈因为亲子关系的问题而纠结，事情的经过是这样的：一天晚饭时，妈妈对女儿说：“闺女，妈妈后天要去外地出差一个月，这一个月的时间里你要和爸爸好好地在家……”妈妈的话还没说完，女儿立刻回应：“老妈，你要出差一个月？那太好啦，我和老爸终于可以自由啦！”

这位妈妈听完女儿的话有点沮丧，她开始反思自己是不是对孩子管束得太严，所以自己一说离开，孩子才那么高兴。她认为自己和女儿之间的关系出了问题。

教育真相：误读了孩子的真实情绪

反馈问题的妈妈与她女儿之间的关系是非常不错的，而且还很平等。就像两个关系比较好的女生经常会对彼此说“我烦死你了”“我太讨厌你了”等，这是一种亲近的体现，而不是真的烦你、讨厌你。

所以这个孩子的真实情绪是在跟妈妈开玩笑，或者说是在逗乐自己的妈妈。而面对对自己管理非常严格、管束很多的妈妈，孩子往往不敢有这样的表达。

简要总结

教育评判：我们需要判断亲子关系是不是真的出现了问题。

判断结果：孩子只是在跟妈妈开玩笑，但是妈妈并没有捕获到孩子的真实情绪，所以就当真了。这类所谓的问题是由于家长感知力不足而产生的误判，当真相被还原时，问题是不存在的。

解决问题的步骤二：还原问题的真正成因

家长提问：孩子不认真学习怎么办？

孩子上学经常丢三落四，今天忘记带课本，明天忘记带文具，在家写作业的状态也很敷衍。无论我怎么提要求，他都不想改变，而且他好像也不担心老师批评他作业写得差。这该怎么办呢？

教育真相：家长剥夺了孩子的自我责任感

通过孩子的表现，可以还原他的成长环境：他对上学、写作业这些事情没那么上心，没什么自我责任感，这说明本应他承担的责任，有人替他承担了。

举个例子，假如家长发现孩子上学忘记带课本，这时候就担心他在学校被老师批评，于是把课本送到了学校。这种做法就很容易让孩子养成丢三落四的习惯，因为他不用为自己的“忘记”承担任何责任，这个责任已经完全被家长扛在了肩上。

有的家长可能有点不忍心了，说：“难道我们真的让老师批评他吗？”

每个人的行为都是通过环境反馈（情绪信息）来输出的。一个孩子被老师批评后所产生的局促、不好意思等情绪，会让孩子在情绪层面确定这是他自己的事情，并且在这种不良情绪的促使下，他才会吃一堑长一智，下次就不会忘记携带学习物品到学校了。

关于写作业也是同样的道理。对于孩子作业完成得不好可能会被老师批评这件事，家长的担心程度要远远大于孩子。这会让孩子对这件事变得不在乎，他从情绪层面认为这是家长的事情，所以自己反而不担心了。

如果家长过度关注孩子的事情，相当于替孩子分担了他的责任，这时候孩子会认为这些事情是你（家长）的事情。所以我们经常会在校门口看到有的孩子指责自己的父母或者家里的老人："你怎么又忘记帮我带水彩笔了？""你怎么又忘记提醒我带东西了？"大家体会一下孩子的语境，他完全没有把这些事情当作自己的事情。

教育问题的解决：把孩子应承担的责任还给孩子

通过教育真相的还原，让我们看到——家长做得太多，导致孩子的"摆烂"。我们应该做的是放手，让孩子承担应有的责任。让孩子通过与老师的真实互动（被老师表扬或被老师批评），从内在建立上学的规则和自我责任感，而不是让家长替孩子解决所有的问题。大包大揽其实剥夺了孩子成长的机会，当孩子面对学习以及跟学习相关的事情时会不知如何应对。

简要总结

遇到教育问题，我们首先应该思考的不是“怎么办”，而应是“怎么回事”，这是探究问题成因的过程。当问题的成因被“曝光”时，原本看起来复杂的问题，解决起来其实没有那么复杂。

解决问题的步骤三：真正解决问题

家长提问：儿子才上一年级就状况频出，该怎么办？

我最近特别崩溃，儿子刚上一年级就出现了各种各样的状况。上课时，他只要觉得无聊就会起身走出教室，老师问他去做什么，他也不回答；上体育课时，他想玩同学的跳绳，同学不给他，他就伸手去抢；中午在食堂就餐，他动不动就插队，前面的同学一旦不同意，他就会大打出手；放学后，他想和谁玩，对方就不能回家……所有能尝试的教育方式（讲道理、体罚）我和他爸爸都试过了，他却依然我行我素，我们现在真的是束手无策了。

教育真相：让孩子感知环境中的规则

首先，以上问题看似是孩子上一年级之后才出现的，其实是因为在上小学前，这些问题不够突出或家长不够重视。

其次，看上去这个孩子的问题很多，且这些问题之间没有内在联系，但其实它们都是由同一原因导致的——孩子的内在感知力不足。

当一个人感受不到环境中的规则以及周围人的感受时，他的行为出发点就只有一个——情绪需求得以满足。他无聊了，就要走出教室；想玩跳绳就要抢过来；想吃饭就要插队；想和同学玩，对方就不能回家……

简而言之，这个孩子的评判标准是自己开不开心、难不难受，他不顾及环境规则以及对方的情绪需求。

教育问题的解决：不做“善于剧透”的家长，要把探索的空间留给孩子

问题的解决方式不是告诉孩子什么事情该做，什么事情不该做。如果这样可以解决问题，孩子的父母就不会那么苦恼。

我们告诉孩子的是思维层面的道理和规则，而真正能够改变一个人行为的是其内在的感受。例如，上课时不能走出教室，这一点孩子在思维上肯定是明白的。但当无聊情绪涌出的时候，他会在这种情绪的促使下走出教室。就像很多孩子虽然明白“先写完作业再玩会更尽兴”的道理，但有多少孩子在“玩”的情绪涌上心头时，还能顾上这些道理？所以内在情绪是解决问题的关键，而不是孩子明白多少道理和规则。

回到“上课无聊就走出教室”的案例中来，为什么绝大多数孩子不会像案例中的孩子这么做呢？他们即便感觉到无聊，也只是坐在座位上“多动”几下而已。这是因为大多数孩子从感知层面捕获到了课堂规则，而

不是在大脑中理解了课堂纪律。就像大多数人（有感知力）在医院的手术室门口，即便没有“请勿大声喧哗”的标识牌，也不会大声说话，这种对“规则”的遵守来自内在感知对环境的探索。

让孩子从感知层面探索到校园行为规则以及与人相处的规则，这是解决问题的核心。具体该如何操作呢？

提升孩子的感知力，让他能够感受到环境标准以及与其他人互动的准则，他的行为输出便不会再以自我情绪为出发点。

我们再来看看两个案例。

案例1：爸爸带孩子去医院看望病人，还没进入病房，就提前叮嘱孩子：“一会儿进去小点儿声说话，病房不是大声说话的地方。”

这个“小点儿声说话”的规则，不是孩子通过感知对环境的探索而“习得”的，而是被爸爸告知的。首先，在当下环境中，如果出现让他兴奋的事情，他便会立刻按照自我情绪的散发来输出行为，因为当下这个环境在他的感受层面没有形成信息，所以不足以制约他的行为；其次，在没有家长告知“小点儿声说话”的其他环境里，孩子也会按照自我情绪的散发来输出行为，因为他没有捕获环境信息的能力，家长也没有为孩子提供过训练的机会。

案例2：妈妈带孩子到工作单位，还没进办公室，就提前对孩子讲：“一会儿见到里面的阿姨要小点儿声说话，她不喜欢说话声音大的人。”

这个“小点儿声说话”的规则，不是孩子通过感知对办公室阿姨的人物属性探索而来的，而是被妈妈告知的。首先，在当下环境中，如果出现让他兴奋的事情，他便会立刻按照自我情绪的散发来输出行为，完全不会顾及对方感受，因为他在这位阿姨面前没有捕获到对方的属性信息，所以这个人的存在不足以影响他的行为；

其次，在没有家长告知“小点儿声说话”的其他人面前，孩子也会按照自我情绪的散发来输出行为，因为他没有用感知捕获其他人内在属性的能力，家长也没有为孩子提供过训练的机会。

所以，用感知探索来的规则，才是一个人在环境中真正遵守的行为规则，而不是思维层面被告知的“道理”。就像上文举出的例子，一个人感知到在手术室门口大声说话是不合适的，这是用感知探索来的规则。对于孩子也是一样，他用感知探索到，在课堂上随意走动、在没有得到老师允许的前提下走出教室，都是非常不合适的。这就是用感知探索来的规则，而只有这种规则才能够指导行为。

把探索的空间留给孩子，让他在环境中去探索规则，探索对方的内在属性和情绪。当孩子具备这样的能力时，以上那位家长焦虑的问题将不复存在，因为孩子可以通过环境来判定自己的行为是否合适，通过与同学互动来判定自己的行为是否得当。

有些感知能力比较弱的孩子，身边可能有一位“善于剧透”的家长，无形剥夺了孩子探索环境的机会，直接把“答案”告诉了孩子。久而久之，孩子便丧失了用感知探索环境规则以及其他人内在情绪的能力。

简要总结

不要一味地讲道理，而是要提升孩子的感知力，使他能够感知到环境标准以及与其他人互动的标准，让他的行为输出与环境相匹配。

真 相 2

看孩子的视角不同，我们的解读各不相同

看问题的三个基本视角

2018年年初，我带着女儿和一个她很喜欢的氦气球（放于后备箱），开车前行了20多公里，终于抵达了目的地。

这一路上她不停地问我：“妈妈，还有多久能到？”我能够感受到她非常期待下车以后可以好好地“摆弄”一下这个可以飘浮的气球。可谁知到达目的地后，我刚按下后备箱开启键，后备箱还没有完全打开的时候，就由于冷热空气对流，导致气球瞬间爆炸了！

当我看到这一幕的时候，感觉心脏突然收紧了一下，我很难过，也替女儿感觉到委屈。盼望了一路，还没有好好地玩一下就爆了，她肯定难受极了。但现场真实的画面是——女儿盯着气球爆炸后的“残骸”突然咯咯咯地笑了：“老妈，原来气球真的可以当鞭炮放，下次我们可以玩一个‘踩气球，放鞭炮’的游戏！”那一刻我突然意识到，我在用“我认为”代入她的真实情绪。

故事还没有结束。接下来，我把“气球的故事”面对面地分享给了身边的刘老师和邓老师。

刘老师的胆子比较小，当我讲到气球炸了的时候，她一下子就紧张了：“孩子是不是吓着了？气球爆炸的声音是非常刺耳的！”而邓老师呢，由于她是比较粗线条的人，所以在我讲完故事之后，她觉得这就是小事一桩，下次她可以帮忙再带回来一个氦气球。

通过这个故事，大家能不能体会到什么叫作“一人一世界”？任何一件事情的发生，都会同时具备“三个视角”。

第一视角：当事人的真实感受。

第二视角：参与互动者的看法或想法，以及认为当事人抱有的看法或想法。

第三视角：没有参与互动的评论者或评判者的视角。局外人（第三方）对事件的态度以及对当事人的看法。

在上述案例中，孩子是教育的主体，我们把孩子的视角设定为“气球”事件的第一视角。

第一视角：孩子认为气球炸了是一件很有意思的事情。

第二视角：我作为一个参与者，认为孩子在面对气球爆炸时会非常地委屈。

第三视角：刘老师和邓老师分别以没有参与互动的身份，对当事人的内在感受以及事件进行了评论。刘老师认为当事人被吓到了，邓老师评价这是“小事一桩”。

由此，我们要吸取以下教训。

第一，不要想当然。

由于视角的不同，我们常常会把自己在某件事情中所产生的情绪当作对方的内在感受，并且还会认为是真实的。例如，很多家长在辅导孩子写作业时会认为："这么简单的题目你都不会？"有些家长把孩子的玩具送人，会认为："不就是个玩具嘛！"有些家长说了让孩子伤心的话，不明白孩子为什么就不高兴了。

学生A考上了重点高中，可是A的父母却怎么也高兴不起来。他们认为孩子在重点中学会承受巨大的压力，那里到处是尖子生，孩子没有了"尖子"的优势，可能会产生负面情绪或者自卑心理。但实际情况是学生A不但非常适应学校的生活，而且很享受这种有压力、有挑战的新环境！

学生B也考上了重点高中，B的父母十分开心，他们认为重点高中的教育资源以及学习环境会为孩子的学习带来非常大的帮助。但没想到的是，孩子在新学校各种不适应，没有了"学霸"的光环，这让他备受打击，高压力的学习环境让他产生了逃离的想法。

这些现象都是在自我视角下所产生的错位认识。同一物体，从不同角度进行拍摄，会呈现不同的画面；同一事件，从不同视角进行体会，会产生不同的情绪和态度。所谓“一人一世界”，每个人都会由于视角不同，而处于不同的世界当中。

第二，不要用我们的“认为”来看待孩子的世界。

在“气球”事件中，每个视角下的主体都会认为自己的世界是真实的，因为每一方的看法都来自自我的内在体会。但孩子的世界里发生了什么？这是我们需要探究的，而不是用我们的“认为”来看待孩子的世界。

举个例子，一个孩子把随堂测试的数学试卷写得满满的，但最终得了零分。假如你是这个孩子的父母，你会怎么处理这件事情？指责孩子太笨，居然什么都不会！还是批评他太粗心，导致哪个也做不对……这都是来自第三方视角的评价。我们应该做的是，还原在孩子的世界里发生了什么。

有没有这样一种可能？这个孩子的数学学得非常

好，他只是很顽皮，通过“完美避开”所有正确答案的方式来“幽自己的父母一默”。如果在孩子的视角下，“幽默”是真相，那父母之前的指责和批评，是不是就错位了呢？

由于视角不同，事情容易被“错位”解读为个人的见解。若我们能够还原与代入同一事件中孩子的视角，那么亲子互动效率便可以大幅提升！

教育真相的还原：孩子爱玩手机是怎么回事

家长提问：孩子上六年级后，每晚都会玩手机，玩到11点左右才开始写作业。我有点焦虑，不知道孩子玩手机这个问题该如何解决？

教育真相：问题不是玩手机，而是作业的压力

还原孩子的第一视角，看看究竟发生了什么。

孩子每天玩手机到很晚才开始写作业，是对手机的迷恋，还是对写作业的逃避？这可不是一回事。

如果是对手机的迷恋，家长应该思考的是，是手机里的内容吸引了孩子，还是家长过于限制让孩子对手机产生了渴望？但这个逻辑中存在着一个问题，那就是如

果对手机迷恋，为什么每晚11点左右都可以放下手机开始写作业呢？所以在这样一种现象下，最有可能的真相是，孩子是通过玩手机逃避作业带来的压力（最终通过家长反馈，验证了此刻的判断）。

如果是对写作业的逃避，这件事和手机就没关系了，手机只是逃避写作业的一个“出口”。这种逃避情绪就像我们学生时代面对“写作文”时的情绪——能逃就逃，能拖就拖，要么认为自己应该先看会儿电视再写，要么认为自己应该帮妈妈做些家务再写，要么认为自己应该晚饭后再写，等等。

教育问题的解决：找到真正的原因“对症下药”

针对孩子的逃避情绪，首先，我们可以帮他看清现实：“你不就是在面对作业时有畏难情绪嘛，好像谁没经历过这个阶段似的。”通过这样一句话的表达，帮孩子看清真相，也帮他缓解内心的紧张和压力。其次，通过我们的方式去了解，孩子是在学习的逻辑层面出了问题，还是在感知层面出了问题，根据具体问题帮孩子找到解决问题的具体方案。

简要总结

通过教育真相的还原，还原孩子在第一视角下看待手机的真实情绪。最终发现，当事人并非对手机产生了迷恋，而是通过玩手机逃避写作业带给自己的压力。解决这个问题的核心在于缓解孩子面对作业时的压力。

教育真相的还原：功课要不要提前学

家长提问：邻居家的孩子考上了名校，孩子的母亲跟我分享她女儿的学习经验就是提前学：一年级提前学二年级的知识，二年级提前学三年级的知识……以此类推。这种方法值得采纳吗？

教育真相："经验分享"往往来自第二视角

此类问题可以通过正反两个方向来验证："提前学"的孩子都考上名校了吗？考上名校的孩子都"提前学"了吗？通过对这两个问题的思考，大家便能够发现，"提前学"与考名校之间没有必然联系。

细心的家长还能体会，通过以上方式来验证身边的"经验分享"，好像没有多少可以被真正汲取和采纳。

这里的核心在于不论是父母分享子女的成长经验，还是孩子表述自我的成长经验，都是来自第二视角下的评价。为什么自我成长经验的分享也来自第二视角？因为当一个人对自我进行评价，或对自我过往的经验进行总结时，当事人往往是在描述一个“他认为”的自己。

我有一个朋友名叫佑琪，从小到大她一直是学霸，高考时轻松取得了全市第一的好成绩。在刚毕业那几年，她经常回母校跟学弟、学妹们分享一些学习经验。她把自己的学习经验总结为三点。

第一， 作息规律，晚上11点睡觉，早上6点起床。

第二， 饮食规律且晚上睡前喝一杯牛奶，有助于安神、睡眠。

第三， 课堂上跟着老师的思路走且要认真做笔记。

根据佑琪提供的“学习经验”，我们来进行两个方向的验证。第一，践行以上总结的三点，就能够提升学习成绩吗？第二，那些学习成绩不错的孩子，都是因为满足了这三点吗？答案是显而易见的，说明以上三点并不是核心。那核心是什么？我们来还原她的成长经历，就能找到她优秀的真正成因。

以下内容需要代入感受去体会。

佑琪小时候，她的妈妈在当地的百货商店上班，百货商店的位置就在佑琪所在的小学对面。为了照顾上小学的佑琪，妈妈基本上都是上中班（中午上班、晚上下班的那种）。佑琪中午放学，正好是妈妈的上班时间。妈妈会在家里把午饭为佑琪做好。虽然那个年代餐盒都是样式单一的铝饭盒，但是妈妈会非常细致地把菜和饭精心地摆放在餐盒里，还会用保温杯为她带自己精心煲的汤。担心饭菜会凉，妈妈总是用干净的毛巾把饭盒紧紧地包裹起来。

中午，妈妈站在柜台里工作，佑琪就坐在妈妈身边享用着充满“温度”的饭菜。妈妈不时地回头看看吃饭的佑琪，而佑琪也感受到妈妈在看自己，就会抬头回馈以幸福的微笑。吃完午饭，佑琪会躺在柜台下妈妈为她搭建的“小床”（用货物堆积而成）上睡午觉。“小床”上铺的是自家的被子和褥子，没有任何的陌生感。她每次都睡得特别踏实，睡醒之后她便背起书包去对面的学校上学。下午放学后，妈妈还没有下班，她就又回到妈妈身边，在妈妈为她搭建好的“小桌”上写作业，写完作业自己就到百货商店门口踢会儿毽子，或者跟住在学校附近的同学玩一会儿。但无论如何，她都会在妈妈的视线范围内。妈妈下班后，就骑车带上她一起回家。

在佑琪小学毕业之后，妈妈下岗了，她每天在家里为佑琪操持着三餐，把家里收拾得井井有条。每晚在佑琪入睡之前，妈妈都会端一杯热牛奶给她，没有要求也没有叮嘱，只是微笑一下，示意牛奶放桌上了，然后轻轻地带上房门。

大家有没有体会到，佑琪的学生时代为什么会成绩优异？因为她有一位情绪稳定又能给她满满安全感的母亲。这对于学生时代的孩子来讲，是能够进入学习状态的重要保障。

教育问题的解决："复刻环境"，寻找"经验"背后的真相

"佑琪成长环境"的还原，可以给父母很多启示：像佑琪的母亲一样做一位情绪稳定的家长，为孩子搭建一个温馨又幸福的成长环境，这是我们可以在"佑琪案例"中汲取到的经验。

在日常生活中，我们会获取很多"学习经验"与"工作经验"的分享，大家渐渐发现这些分享对自身的指导意义并不大，真相就在于这些分享往往来自第二视角下的总结。但如果还原了当事人的成长环境，提取了环境信息对当事人的情绪影响，那么从这个过程中提取

的经验和启示就会给很多人带来实质性的指导意义。

简要总结

“经验分享”往往来自第二视角下对表象行为的总结，这种总结对他人的指导意义并不大。真正有价值的信息是通过对当事人成长环境的还原，去探究他从环境中汲取了怎样的营养。这个“复刻环境”的过程是很有意义的，也是真正的“经验”所在。

教育真相的还原：为什么我家孩子老打退堂鼓

家长提问：朋友家的孩子从上初一开始就每天早上5点半起床背单词，这个习惯一直坚持到高考。结果不出所料，这个孩子的英语成绩非常理想。今年我儿子上初一，我建议他向朋友家的孩子学习，可他才坚持了不到两周就开始打退堂鼓，我不知道该不该逼着他继续下去。

教育真相1：孩子第一视角下的感受最重要

家长的描述是“朋友家的孩子从上初一开始就每天……”这种坚持是我们认为的，还是孩子第一视角下的感受？

举个例子，20年前，我身边有一位朋友，他特别喜欢打击乐，他不仅喜欢琢磨，每天还会练习至少14小时。周围的人都觉得他太刻苦、太能坚持了！可他自己的表达却是：“刻苦？坚持？不不不！这些词跟我没关系，我完全没有这个概念。我很享受练习和思考带给我的快乐，我觉得每天14小时的练习一眨眼就过去了！”

“坚持”是一个来自第三方的评价，当大家用这个词来评价某个人时，需要同时满足两个条件。

第一个条件，认可对方的行为。如果不认可就会使用“沉迷”或“不务正业”等词汇。

第二个条件，下意识地认为自己做不到。由于大家认为自己做不到，所以站在自我视角下定义对方是通过“坚持”来做到的。但我们却很少会去探究对方的真实想法。

再来看另一个案例，大家可以通过这个案例更加深刻地体会“坚持”背后的真相，还可以清晰地看到第一视角和非第一视角下的差别。

小涵上五年级，他每天都要跑步5公里。身边人对他的评价出奇一致——这孩子太有毅力，太能坚持了！孩子的姥姥经常这样表达：“小涵太能坚持了，我真佩服他！偶尔跑5公里还行，每天都这样，我年轻的时候也做不到！”

后来，孩子的爸爸发现真相其实并非大家说的这样……

有一天，天气不太好，户外已经开始下雨了，于是爸爸给小涵提出建议：“要不你今天就不去跑步了。”小涵最开始答应了，但后来做什么都静不下心来，整个人变得越来越焦虑。最终，他对爸爸说：“老爸，我还是得出去跑，不然我太难受了，其他什么事情都做不下去！”说完小涵就去地下车库跑步了。

小涵爸爸突然意识到，“坚持”是大家站在个人视角下对小涵跑步行为的评价，在小涵的视角下

“每天跑步”是美好的，如果不跑步则是痛苦的、难受的。

小涵爸爸还想到了自己，他每周六都会和好朋友们一起去打篮球，他非常享受周末和大家互动，可以释放一周的压力，还能够为下周的工作补充能量。他有过很深的体会，如果哪一周因为某些原因没能去打球，他也会很难受。当然，在他的身边也不乏有人评价他每周的“篮球之约”是很能坚持的一种体现。

当我们评价身边某些人的行为是坚持时，首先应该思考的是，第一视角下的当事人是这么想的吗？

上文中提到的小涵很享受每天跑步5公里，但身边的人除了他的爸爸以外，对他的评价都是“有毅力”“能坚持”。假如小涵身边有一位家长也认同小涵的“坚持行为”，于是每天要求自己的孩子也跑5公里，大家觉得这两个孩子的状态以及面对跑步的情绪会是一致的吗？如果情绪不同，那么在这件事情上的效果会相同吗？

教育真相2：模拟的可能只是一个表象

回到上面的问题描述：

朋友家的孩子从上初一开始就坚持每天早上5点半起床背单词……从初一到高三的六年时间里，这个孩子是处在“坚持”的情绪里，还是享受的状态里？如果对方是享受的，那么早起背单词这个行为对孩子而言是补充能量，是幸福的。但如果我们让自己的孩子模拟“早起”和“背单词”的表象，孩子则是耗能的。这种做法非但很难让孩子享受背单词，而且由于耗能所带来的痛苦，会让孩子排斥这种做法，即便坚持，也不可能实现高效率。

这就是优秀很难被复制的原因，因为我们只是模拟了一个表象。

教育问题的解决：找到满足外在表象的内在成因

如果我们还原了对方的真实情绪，找到了对方喜欢“早起背单词”的内在逻辑，当这个内在逻辑被满足时，一个人便会喜欢做这件事。

例如，背单词能够满足自我的探索欲，能够换来大家欣赏的目光，能够换来老师由衷的称赞，等等。其中的某一项或某几项被孩子复制后，他便真正开始享受“背单词”这件事情了。

当我们了解了这个真相，想让孩子变得爱学习、爱劳动、爱好广泛，就只需要去思考如何找到满足这些外在表象的内在成因，而不是去模拟一个“坚持”的表象。

当然，我们也可以告诉孩子：“当所有人都认为你在坚持，而你却不这么认为时，你离成功就已经很近了！”

简要总结

“坚持”是一个来自第三方的评价，对于我们而言是坚持，但就对方而言很可能是享受。如果我们让自己的孩子去“模拟”他人的优秀外在，而没有具备享受的内在，那这个耗能的过程不会让孩子取得真正的成绩！

真 相 3

孩子也是趋利避害的，懂得这一点让我们更轻松

基于人的本能
培养孩子的优质行为

在意识层面，追求美好和远离痛苦是每个人的本能，只是每个人对美好和痛苦的定义不同。

事物本身并没有特定的属性，只是与人的内在感受建立了不同的连接，所以便产生了美好或痛苦。一个人内在认为什么是美好，行为上就会趋于追求；一个人内在认为什么是痛苦，行为上就会趋于远离。

作为家长而言，可以运用这条“理论”帮助孩子建立更多的优质行为！

教育真相的还原：孩子习惯性撒谎该怎么办

家长提问：孩子总爱习惯性地撒谎，很多话都是脱口而出，我们该怎么办？

教育真相：撒谎是一种避免指责的方式

一个孩子爱撒谎或者习惯性撒谎，是需要同时满足两个意识条件的。

第一，孩子所在的成长环境中至少有一位爱讲道理的家长，孩子在无形中学习到为自己的过错“找理由”的思维方式。

第二，孩子所找的“理由”被家长认同后，他认为自己获得的内在感受比诚实要美好。

正在读小学四年级的小雨放学回到家，妈妈发现他的衣服是脏的，于是便问道："你的衣服怎么这么脏？"小雨回答："我放学后和几个同学在学校门口追着玩，跑着跑着就把衣服弄脏了。"妈妈听了小雨的回答立刻走过来责怪道："今天早上刚换的衣服就脏成这个样子？难道你们玩的游戏是躺在地上打滚儿吗?！"

第二天早晨，小雨穿着干净的衣服去上学，傍晚到家时依旧很脏，这时妈妈又问："衣服怎么又脏了？"小雨找了个理由："今天我们班轮到我打扫卫生，打扫的时候不小心把衣服弄脏了。"听了小雨的"解释"，妈妈原本要爆发的情绪突然就收住了："哦，那行吧，你把脏衣服扔进洗衣机吧。"

在诚实与撒谎两种行为方式下，小雨得到了完全不同的两种情绪反馈，一种是母亲的指责，另一种是母亲的谅解。前后两种表达方式所带来的母亲情绪层面的反差，让小雨从情绪层面捕获到一种信息——撒谎是一种美好感受，是一种避免指责的方式。那么当类似情况再次发生时，小雨为了逃避指责，便会选择撒谎。

以上是通过小雨的故事来诠释一个人在什么样的外在条件下会选择撒谎。

假如小雨妈妈是一位直接根据行为结果采取奖惩措施的人，衣服干净就没事，衣服脏了就直接惩罚，她从不讲道理，也从不听道理，那么孩子就不会产生撒谎（找理由）的想法。

又或者小雨妈妈是一位从内心认为，男孩子每天打打闹闹、跑跑跳跳的，衣服脏了是很正常的事情，那小雨也不会产生撒谎的想法。

每个人的行为都会受到外界信息影响，父母处理问题的方式对孩子的行为影响很大。

教育问题的解决：把美好感受和优质行为建立连接

假设小雨的撒谎行为成为既定事实，说明撒谎已经与其内在的美好感受相关联。如果我们把感受重新关联，让撒谎与痛苦相连接，让真诚与美好相连接，便可以换回一个真诚的孩子。我将这个过程简练地总结为：摘掉挂在美好上的“撒谎钩子”，把它挂到痛苦上去！

第一天放学后，小雨的衣服脏了。第二天，小雨早晨换上干净的衣服去上学，傍晚到家时又脏了。妈妈问道：“衣服怎么又脏了？”小雨找了个理由：“今天我们班轮到我打扫卫生，打扫的时候不小心把衣服弄脏了。”

这时妈妈只是盯着小雨的眼睛，没有说一句话。过了一会儿，她语重心长地说道：“因为打扫卫生把衣服弄脏了，这种说法听起来确实比较容易让人接受，也比较‘动听’。但对我而言，没有什么比真诚更让我觉得美好！衣服脏了可以洗，我愿意一天洗好多套，洗好多遍！但是儿子啊，如果一个人高贵的灵魂上有了污垢，妈妈担心自己拼尽全力也洗不干净啊……”小雨听着妈妈的表述，愧疚不已，潸然泪下。

对于小雨而言，撒谎原本是一种美好感受，可以让自己逃脱指责带来的痛苦，但在妈妈一番表述之后，小雨感受到的是内心极大的愧疚和自责，撒谎与美好之间的连接被彻底切断了。

孩子每天会输出各种各样的外在行为，行为本身对于孩子而言是没有“好”与“不好”的感受差别的。他们是通过周围环境所给予的信息反馈建立内在感受的美好与痛苦，这种内在感受会决定他们的行为是继续发展还是及时停止。经常有人说，父母的态度决定孩子的行为，其核心逻辑便来源于此。

当孩子把衣服弄脏了、把东西损坏了等，他们会从情绪层面去捕获家长的态度以及内在的标准。所以很多时候，不用我们通过语言表达任何观点，孩子也能评判自我行为的对与错、好与坏。孩子在明确了解父母内在标准的前提下，依然选择真诚地表达自己所做的“糗事”，这本身就需要勇气。但如果勇气和真诚换回的是不美好的内在感受，可能会让孩子后悔自己的选择，并且开始寻找美好的“出口”。因此，父母在教育孩子时，要做好各方面的权衡。

孩子有点怯懦地伸手把一个白色的东西递过去：“妈妈，我那个……不小心把你的充电线弄坏了……”听完孩子的话，妈妈立刻发飙了：“它碍着你什么事儿了？你写个作业怎么会碰着它？你这一天一天的……”妈妈边责怪孩子边从孩子手里拿过充电器扭身走开了。

家长的这种做法让孩子用真诚换来了不美好的感

受，如果我们想要的是一个真诚的孩子，就要在真诚与损失之间做出一个选择，这种情绪层面的选择，也是帮孩子在行为上做出了选择。

孩子有点怯懦地伸手把一个白色的东西递过去：“妈妈，我那个……不小心把你的充电线弄坏了……”听完孩子的话，妈妈笑了笑说：“行吧，刚换的充电线，又被‘淘汰’了。好了，我知道了，你去忙你的吧。”

很多家长听到以上表述，会产生类似疑问：“这样就完事儿了？不对孩子开展批评教育吗？”

大家体会一下，以上案例中的那个孩子有没有体会到自己做错了？如果体会到了，我们还有什么必要批评他呢？教育是以孩子为主体，孩子的情绪和感受是家长行为输出的依据。上文中的孩子从言行上可以看出他已经认识到自己的失误甚至错误，所以我们不需要再对他进行批评教育。即便他的状态需要被批评，那么还要做另一层权衡，就是在当下，我们是希望孩子获取家长对真诚的认同，还是获取家长对事情对错的评判标准。一个人在特定环境下的情绪是唯一的，如果孩子没有真诚的态度，那么我们谈论对错的意义又在哪里？

从行为逻辑的角度来看，孩子的优质行为是一步步建立的。他们首先要能够真诚地表达自己的所做所想，其次慢慢建立在不同环境、不同事物面前所应具备的不同态度。这是一个过程，在这个过程初期，父母要有取舍，要获得孩子的信任并让孩子明白“对错”。在孩子和父母还没有建立信任感时，家长过多的批评教育，会让孩子明白了对错，但也学会了“自我保护”，不愿再向父母敞开心扉。

对于父母而言，很多时候他们是矛盾的。一方面，他们从情绪层面无法接受孩子犯错的事实；另一方面，他们又从思维层面告诉孩子自己可以接受孩子的错误，而且还希望孩子以后有任何类似的事情都要告诉爸爸妈妈。孩子具备解读情绪语言的天赋，他们会直接获取父母无法接受的情绪，而不是听取父母所表达出的字面意思。

家长也不用担心认同孩子的真诚会让他感觉到被纵容。你用自己的情绪代入一下：一个把东西弄坏的孩子，在忐忑地向父母说出真相后，本以为会迎来劈头盖脸的指责，但父母不仅原谅了他的行为，而且很认同他的真诚。假如你是这个孩子，在未来的日子里，你会更加放纵自己的行为，还是用更优质的行为来回馈这份认同和信任？

我们为孩子“真诚表达”所连接的情绪，决定了他未来会不会选择以这种方式跟我们沟通。如果大家用溯源式思维来看问题，就会发现人类的行为其实也很容易归类，要么在追求美好，要么在远离痛苦。

把美好感受和优质行为建立连接，把不美好的感受与一些散漫行为建立连接，这就是建立优质行为的底层逻辑。

简要总结

首先，孩子爱撒谎的成因可能是在生活环境中无形学习到为自己的过错找理由的思维方式，并且在这种思维方式下体验到了美好；其次，想要解决这个问题，就需要把撒谎这种行为与不美好的内在感受相连接，这种外在行为就会终止。

教育真相的还原：孩子不遵守承诺该怎么办

家长提问：孩子前脚刚答应的事情，后脚就会找理由搪塞、敷衍，这该怎么办？以后他会不会是一个不信守承诺的人？

教育真相：孩子的敷衍是因为父母为孩子打开了“出口”

孩子已经做出了某种承诺，但父母由于某些原因为他留下了情绪层面的“出口”，孩子在无形中找到的良好感觉，让他学会了敷衍。我们来代入以下场景。

场景1：

小雨妈妈："小雨，你今天做错的口算题改了吗？"

小雨："妈妈，我打算吃完晚饭就改。"

晚饭后，小雨妈妈收拾完之后来到小雨房间，发现他已经睡着了。这时小雨妈妈给小雨盖好被子，心想：明天再说吧……

到了第二天早上，小雨起床后洗漱、吃饭，忙完这些就到了上学的时间。

小雨妈妈："小雨，你昨天的口算题还没改呢！"

小雨："老妈，来不及了，我先上学去了！"说着，小雨就快速地走出了家门。

场景解析：妈妈的这种做法可能会让小雨产生一种睡着了就不用兑现承诺，睡着了就可以逃避责任的想法。

场景2：

小雨妈妈：“小雨，你去帮妈妈把快递取上来吧。”

小雨：“好的，妈妈！我写完这几道数学题就去！”

小雨写完数学又开始写语文，这时小雨妈妈心想：算了，别打扰孩子写作业了，还是自己去取吧！

场景解析：妈妈的这种做法可能会让小雨产生一种只要写作业就可以不兑现承诺，就可以逃避责任的想法。

场景3：

小雨妈妈：“小雨，我听你们老师说，你今天在学校的演讲很精彩！你跟我说说你演讲的内容和同学们的反馈吧！”

小雨明显对妈妈的提议没有丝毫兴趣："妈，我困了，明天早上再跟你说吧……"

小雨妈妈感受到小雨在敷衍，但还是勉强答应了。

第二天清晨，小雨妈妈做好了早餐，静静地坐在餐桌前等待小雨起床后跟她分享昨天在学校里的精彩演讲。可谁知小雨起床后诧异地问："妈，你怎么会坐在这儿？"小雨的"惊诧"虽然在雨妈的意料之中，但她还是不免有些失望地说："昨天晚上你不是跟我说今天早上要讲一讲昨天在学校里的演讲内容吗？"

小雨深吸了一口气："早上时间太紧张，我一会儿还得补作业，要不晚上放学我再跟你说吧。"

小雨妈妈突然意识到，小雨已经学会了敷衍，只要遇到不想面对、让自己有压力的事情，他就会用睡觉、写作业这样的理由搪塞过去，而这些理由是曾经被自己下意识认同的。

环境中的某些信息让孩子在无形中产生了一种内在感觉——他可以因为某些理由，不用为自己说过的话负责。在这些理由的“庇护”下，孩子遇到不想面对的问题，就可以名正言顺地绕过去。敷衍带给他们的内在美好，使他们在遇到问题时不是想办法去解决，而是想办法去敷衍。

有的孩子通过“作业落在学校了”就可以在父母那里绕过写作业带来的烦恼；有的孩子通过“我跟姥姥说过了”就可以在父母那里绕过刚刚立下的规矩；有的孩子通过“奶奶帮我收拾的”就可以在父母那里绕过本应由自己承担的责任……

一个人一旦体验到敷衍带来的美好感觉，这种所谓的美好会“指引”他在很多事情当中寻找推诿的理由，让人做事失去目标感、方向感、行动力。

一个孩子在环境给予的各种“漏洞”下，产生了这样的问题，就容易变得懒惰、没有进取心，甚至谎话连篇。如果父母能够意识到敷衍会对孩子的上进心、学习力产生不良影响，就应该在这种问题处于萌芽状态时予以制止。但很多父母会以“孩子已经睡了”“作业还没写完”，甚至“饭还没有吃”等理由，为孩子打开一个又一个“出口”。

以“作业落在学校”为例，如果父母感觉到孩子有找理由和敷衍的可能性，应该立刻把这个“口子”帮孩子堵上，从情绪层面不给他找理由的想法。

孩子：“老爸，我今天的作业可能没法写了，我把作业落在学校了。”

爸爸：“哦，没关系，走，我开车带你去学校取。”

爸爸的这种做法，不但不会让孩子产生找理由的想法，反而会让孩子获得很多其他信息，例如，什么是雷厉风行，什么是不为自己找任何借口，等等。

教育问题的解决：摘掉挂在美好上的“敷衍钩子”

如若孩子已经存在敷衍的问题，那么需要从感受层面切断敷衍与美好感受之间的连接，将其与不美好的感受相关联。简而言之，摘掉挂在美好上的“敷衍钩子”，把它挂到痛苦上去！

孩子：“老爸，我今天的作业可能没法写了，我把作业落在学校了。”

如果你精准地判断出孩子是在找理由，可以尝试以下回复。

爸爸：“没关系，我开车带你去学校取！”

孩子：“啊？可是，老师已经下班了啊……”

爸爸：“没关系，我们到学校找门卫，让门卫帮我们打开教室门。”

孩子：“如果门卫没有钥匙，只有我们老师才有，该怎么办？”

爸爸："那我们就先到老师家里取一下钥匙，然后再到学校麻烦门卫帮我们打开教室的门。走吧，出发吧！"

孩子听了爸爸的话，站在原地一动不动。

找理由没有换回舒适的感觉，换回的是尴尬和痛苦，只要家长节奏把控适度，孩子的问题便可一次性解决，他的思维方式和行为方式也会即刻发生改变。

再回到小雨的案例中来，小雨在前一晚已经敷衍过妈妈一次，第二天一早再次敷衍妈妈，作为小雨妈妈，通过类似下面的做法，可以帮助小雨改变敷衍的行为（大家应该从案例中体会到一种感觉，而不是一种做法）。

小雨："早上时间太紧张了，我一会儿还得补作业，要不晚上放学我再跟你说吧。"

小雨妈妈："不行，昨晚你已经答应我今天早上说的，我不可能再等到你放学。"

小雨：“我知道，我知道，但是我作业还没有写完。”

小雨妈妈：“那是你的事情，跟我没有关系，现在唯一跟我有关系的是，你向我承诺的事情，需要你马上兑现！”

小雨妈妈的做法能够让小雨体会到前一晚的敷衍为自己带来了不美好的感受，追求美好与远离痛苦是每个人的本能，今后为了让自己不痛苦，小雨要么不轻易做出承诺，要么做出承诺后积极规划，把自己的承诺进行兑现！

有些家长可能会觉得小雨妈妈的做法有些欠妥，如果不让孩子补作业的话，孩子写不完作业，到学校会被老师批评。

教育是需要进行多方面权衡的，通过对孩子写作业的一次限制，通过老师对他的一次批评，如果能让孩子深深体会到敷衍为自己带来的痛苦，让他从意识层面抛弃这种懈怠的行为，作为家长可以计算一下得失，通过结果来权衡这种做法到底值不值。

教育无小事，孩子在任何一件事情当中产生的美好与不美好感受，都会左右他未来的思维与行为方式。

通过“撒谎”与“敷衍”两个案例，大家有没有体会到孩子所有的行为都是“半成品”，父母的“加工”决定了“产品”的走向。“加工”的过程是什么？是父母为孩子的行为连接各种内在感受的过程。简而言之，把各种外在行为与不同内在感受进行对接的过程，就是教育的过程。

简要总结

环境中的某些信息让孩子在无形中产生了一种内在感受——他可以在某些理由下，不用为自己说过的话负责，在他遇到不想面对的问题时就可以名正言顺地“绕过去”。想要解决这个问题，就需要把敷衍这种行为与不美好的内在感受相连接，这种外在行为就会终止。

教育真相的还原：孩子太自私怎么办

家长提问：“孔融让梨”是一种美德，可我家孩子就比较自私，很多东西都不愿意让，我该怎么办呢？

教育真相：没有体会过“让”在精神层面所产生的美好

几乎每个中国人对“孔融让梨”的故事都不陌生，“让梨”是素质和涵养的代名词。但“让”就一定是有素质，“不让”就一定是自私吗？

一个面容清秀的小男孩，大概三四岁的样子，几分钟前还在尽情地玩耍，此刻正低着头，很无助地看着地面，手里正搓着几个砂糖橘。身边站着他的妈妈和一位邻居家的小哥哥。

妈妈不停地劝解和引导："你不记得孔融让梨的故事了？你不是也认同孔融的做法吗？那现在是不是应该分给小哥哥一些橘子？来，听话，把橘子分给小哥哥两个。"

小男孩在妈妈的劝说下非常不舍地递出去两个小橘子，在被小哥哥拿走的那一瞬，他一下子哭了出来……

上文提到的小男孩，他"让"了，可我们体会到的是他很委屈，如果他是被另一个男孩要求"让"的，那么"不让"才是本分。

"让梨"是一种优秀品质，这种品质需要两个意识条件来支撑。

第一个条件：让梨者本身非常喜欢和珍视"梨"。

第二个条件：让梨者更享受把"梨"让出去的美好。

两个条件中有任何一个不被满足，都无法让人体会到美好，更无法体现个人素质，这是一个真相。

假如一个孩子不喜欢梨，或者他拥有很多梨，多到对梨视而不见，那么“让”的行为会让大家感受到——他不在乎。而如果一个孩子很喜欢梨，也很珍视它，可是他不享受“让梨”的美好，那么“让”的行为会让大家感受到——他是委屈的、痛苦的。“让梨”传递给大家的是一种美好感受时，两个条件需要同时具备，缺一不可。第一个条件体现的是一个人对美好事物的喜爱，第二个条件体现的是一个人拥有了超越物质层面的精神追求。

本小节开头家长提出的“孩子不愿意让”的问题，不是由于孩子自私，而是因为他没有体会过“让”在精神层面所产生的美好，所以物质层面的“梨”就是最美好的。

我们再通过另一个例子来体会一下。一个人为什么会选择让座？难道他不知道自己坐在座位上，身体层面会感受到舒适吗？当然知道！只是他更享受把座位让出去所带来的精神层面的美好。相比较而言，不让座是痛苦的。这一点大多数人都有体会。假如你坐在公交车上，看到一位老人拄着拐杖上了车，颤颤巍巍地站在你身边，此时坐着会让你感到不安。

到底是站着舒服，还是坐着舒服，取决于一个人有没有体会过让座在精神层面所产生的满足感。如果没有体会过，那么坐着是舒服的；如果体验过让座带来的精神满足，那么站着是美好的。美好与痛苦不是一个恒定值，它与每个人的内在感受有关。

教育问题的解决：让孩子收获到精神层面的“梨”

再回到“让梨”的故事中来，现实生活中很多家长在孩子不具备第二个条件的前提下，让孩子模拟了一个“让”的表象。这种做法对于孩子而言是痛苦的（就像前文中提到的那个小男孩）。

“梨”是美好事物的代名词，一个人愿意把“梨”

让出去的前提条件一定是他虽然放弃了鲜甜多汁、清脆可口的物质层面的“梨”，但对自己而言却收获了精神层面的“梨”。

接下来通过一个案例来让大家体会一下精神追求是如何建立的。

小苏正坐在客厅吃橘子，小表妹看到橘子后瞪圆了眼睛说：“姐姐，橘子甜吗？我也想吃！”小苏很爱吃橘子，所以她听到这样的请求立刻表现出来的情绪就是不情愿，但最终还是勉强拿了一个小橘子给了小表妹。

孩子是一张白纸，在建立精神层面的追求之前，她的第一需求是物质需求。

后来有一次爸爸去幼儿园接小苏放学，临出发时，爸爸拿了一个桃子（小苏爸爸最爱的水果就是桃子），本来想的是开车前把它吃掉，但是一上车，他就下意识地把桃子留了下来，并且用纸巾把桃子包裹好。

小苏爸爸刚到幼儿园门口没多久，小苏就放学了。她一看到是爸爸来接自己，开心地扑了过去。这时她发现爸爸手里居然有一个超大的桃子，她开心极了："老爸，这桃子也太大了吧！这不是你的最爱嘛！"

小苏爸爸说："这桃子不仅大而且很甜，你快尝尝。"在这种幸福感的包围下，小苏抱着桃子就啃了一大口。她发现爸爸宠溺地看着自己，就顺势把桃子递到爸爸嘴边："爸爸，你也吃！"小苏爸爸把桃子推回到小苏面前，摸着她的脑袋说："你吃就好了，我喜欢看你吃！"爸爸看着小苏吃桃子时洋溢出的笑容和满足感，比自己吃了桃子还开心！小苏体会到了这种情绪，接着又开心地啃了几大口……

在互动的过程中，小苏完全感受到了"让"给爸爸带来的幸福感和愉悦感，那种比自己吃了桃子还要开心的感受被她体会到了。

后来，有小朋友到家里来做客，小苏就会主动地把好吃的、好玩的拿出来跟大家分享，她开始享受分享美好事物给自己带来的精神层面的快乐！

如果一个孩子不认为“梨”好吃，那么“让梨”是没有任何意义的；如果一个孩子认为“梨”非常好吃，但是“让梨”是一件使自己痛苦的事情，那“让梨”不会传递出任何美好感受；如果一个孩子享受精神层面的“梨”，那么“让梨”是一件让大家都很愉悦的事情，包括他自己！这种使孩子体会到“让梨”的美好的过程，是让他拥有更多精神追求的过程，是素质教育的过程！

什么是“孔融让梨”的真相，就是一个孩子享受“梨”所带来的精神层面的满足感高于物质层面带来的满足感！

简要总结

首先，孩子是一张白纸，在建立精神层面的追求之前，他的第一需求就是物质需求，所以用自私来形容一个孩子是欠妥的。其次，想要帮助孩子建立精神追求，提升孩子的层次，就需要让孩子感受“让梨”的美好，当这种精神层面的需求大于物质需求时，一个享受“让梨”的孩子便诞生了。

真相 4

亲子关系越拧巴，
家庭教育的效果越事与愿违

家长眼里的“事与愿违”是如何发生的

很多家长常常会有这样的感受：越是希望孩子做的事情，他越不想去做；越是不希望孩子做的事情，他就越想去做！这里面的核心逻辑是什么呢?

通常情况下，一个人在面对他人提出的要求时往往会产生抵触情绪并改变原始行为的出发点，在人类信息处理系统中，把这种现象称之为“意识反向性”。

例如，你坐在公交车上看到一位老人刚刚上车，当你正要起身让座时，对方催促你说：“没看到我年纪大了腿脚不方便吗？还不赶快起来把座位让给我？”这时的你还想让吗？

又如，你在家里刚吃过晚饭，正要把餐具拿到厨房去清洗，这时有人催促你说：“你怎么还愣着不动呢？快去洗碗啊！”此时的你还想去洗吗？

再如，你在单位看到地面上有一些脏东西，当你正要起身去打扫时，有同事对你说：“看这地脏的，你也不知道扫扫！”这时的你还想去扫吗？

由于大家不了解“意识反向性”的存在，所以“事与愿违”的事情便时常发生。

教育真相的还原：为什么孩子会有对抗情绪

家长提问：我家孩子特别不喜欢洗澡，每次都要催好久才去洗。但如果不催促、不提醒，他可以很久都不洗，我真的不知道如何是好……

教育真相：要求产生对抗

越是家长在意的事情，孩子往往越排斥，因为家长在意的事情往往会通过“要求”的方式去呈现，但要求很容易让孩子产生对抗情绪。

萱萱和琪琪在聊天，她们的聊天内容代表了大多数孩子在面对他人对自己提要求时的真实情绪反馈。

萱萱：“琪琪，你有没有发现，有些事情你正要去做，但是突然有人先一步对你提出了要求，你就不想去了！昨天我刚准备好东西要去洗澡，可是姥姥催我说：‘萱萱快去洗澡，你看看都几点了？’我听完瞬间就不想洗了……”

“对对对，我也有这种感觉！”琪琪迅速产生了共鸣，“我每次换完衣服，正准备把它们放进洗衣机里去洗的时候，我姥姥总要提前一步跟我说：‘琪琪，不要把衣服放在脏衣篓里，直接丢进洗衣机知道吗？’我不知道为什么，每当我听到这样的声音，就只想把衣服丢进脏衣篓！”

每个人在情绪层面都不喜欢被要求和被限制，成人如此，孩子也是一样。可当我们希望孩子拥有一些我们认为的优良品质时，往往又是通过“提要求”来传递意愿。

我们来看一些场景。

场景1：在炎热的夏天，你看到孩子满身脏兮兮地躺在沙发上，这时候你会怎么说，又会怎么做？

场景2：你看到孩子写作业时歪歪扭扭地坐在学习桌前，这时候你会怎么说，又会怎么做？

场景3：孩子放学回到家里已经两小时了，但他丝毫没有写作业的想法，这时候你会怎么说，又会怎么做？

代入以上场景，大家不难发现，在面对孩子的外在行为与我们内在期待不匹配时，“提要求”就会成为我们下意识的教育方式。

由于意识反向性的存在，家长的要求又会激起孩子情绪层面的对抗，所以便有了这样的现象：父母越希望孩子做什么，他们越不想去做。

有一部分家长可能会说，如果孩子能够主动完成他自己该做的事情，如洗澡、写作业、收拾房间等，家长就不会有那么多的要求和催促了！

我们每个人在面对自己在乎的事物时，内心无形中会存在预设。关于预设，身边有一部分家长在听过一些专家讲座或看过一些书籍后，往往会有这样的问题："我在面对在乎的事情时，是不是太想要一个完美的过程或者结果了，太想得100分了？因为想得100分，所以对孩子的要求太高了？"

我的回答是："你还真的不是想得100分！用具体的数字来形容的话，你的内在预设其实是很具体的62分，但你在思维层面并不清楚自己的内在预设。所以即便在实际生活中，得到一个63分或者61分的反馈，你都会感觉到痛苦。因为一个人的内在标准是恒定的，而能够完全满足自我标准的事情很少。"

我们以孩子洗澡这件事情为例，假如你对孩子洗澡是有要求的，那么你的要求就很难让自己满意，因为你对洗澡设定的内在标准很难满足你（关于这一点，其实自己也不清楚）。

1.有关次数的预设

如果你的预设是孩子应该“每天洗一次澡”，他一天洗两次或者三次澡，你就会觉得不舒服；如果他两天或三天洗一次澡，你也会感觉不舒服。这里不存在哪个标准高，哪个标准低，只是孩子的行为不符合你的内在标准，就让你觉得痛苦、不舒服。

2.有关时间的预设

如果你的预设是孩子洗澡大约需要花20分钟，当他的洗澡时间很短，你往往会说：“怎么这么快就出来了？”而当他的洗澡时间远高于20分钟的时候，你可能会说：“你打算睡在里面吗？怎么还不出来？”

3.有关过程和结果的预设

对于孩子洗澡这件事，有时候你认为自己想要的是一个“洗干净”的结果，但过程琐碎、冗长，和你的期待不符，你会不舒服；有时候你认为自己想要的是一个过程，但结果“没那么干净”，这也让你没那么满意……

4.有关出发点的预设

假设你的孩子每天洗一次澡，并且洗澡的时间和结果都满足你的内在预设，但他洗澡的出发点是为了向其他人证明自己爱干净，证明自己讲卫生，他认为“洗澡”这种行为是能够让身边人夸奖他的一种外在体现方式，作为家长的你，会欣然接受吗？

这就是我们不了解的内在预设。当家长特别在意孩子的某个方面时，常常会给孩子带来压力，即便家长不开口把要求提出来，孩子也会感知这种压力。

追求美好和远离痛苦是每个人的本能，孩子为了逃离痛苦，就会无形排斥家长要求自己做的事情，所以就产生了“家长越希望孩子做什么，他们越不想去做”的表面现象。这种现象可以总结成一句话：要求产生对抗！

“洗澡”只是家长所在意事物的一个代名词，日常生活中，很多事情家长的在意程度不同，并由此体现出不同要求，而孩子在不同要求下，又会产生不同的对抗情绪。

教育问题的解决：父母收起自我的要求和标准

如果“对抗”已形成，孩子已经产生非常强烈的排斥情绪，家长又该如何去做呢？

第一，收起自我的要求和标准。要求和标准如果只是针对自己的，再苛刻都没有关系，但如果是针对孩子的，最好收起来。

第二，建立更多的美好感受。如果家长能够做到第一点，孩子基本就可以按照正常需求去安排自己的生活了，但如果孩子的“对抗”程度较大，家长需要多下功夫。

简要总结

通过教育真相的还原，去解读孩子为什么不喜欢洗澡——要求产生对抗，孩子不喜欢做的事情往往是家长经常要求孩子去做的事情。解决方案：家长放下自我标准、自我要求，孩子对洗澡的需求很快可以回到正常状态，但如果家长之前在洗澡这件事情上为孩子连接了太多的不美好感受，恐怕还需要多建立一些美好感受，才能换回孩子对洗澡这件事情的正常情绪。

教育真相的还原：为什么孩子无法控制自己的欲望

家长提问：我们家每天都在上演藏糖、找糖、吃糖的“剧情”，如果孩子找不到糖还会没完没了地哭闹，为什么我的孩子吃糖就没够呢？

教育真相：限制形成渴望

以下两位妈妈的对话，应该会为大家带来一点启发。

妈妈A：“我们家的糖果都得藏起来，不能被孩子看到，只要被他看到，他吃起来就没够！”

妈妈B：“我们家孩子身上没有这个现象，家里的糖果、巧克力天天摆在桌子上也没有人吃。但

是炸鸡、汉堡这些东西可别让我儿子看到，他看到就会直接扑上去！”

妈妈A：“我家孩子还好，对炸鸡、汉堡这类食物都不太感兴趣。”

两位妈妈如果能够交流得再深入一点，就可以看到孩子吃东西没够的真实原因。妈妈A不限制孩子吃炸鸡、汉堡之类的食物，所以孩子对此类食物没有渴望，而妈妈B不限制孩子吃糖果、巧克力之类的甜品，所以孩子对这类食物没有欲望。

通常情况下，当一个人对某件事物或某种食物没有太强烈的欲望时，如果突然强加了限制措施，这个人的情绪就可能发生变化。

我有一个朋友，她对糖果、巧克力、蛋糕等甜品没有太大的兴趣，平时吃一点是可以的，但她很少有主动购买这些东西的想法。几年前，她在怀孕期间被诊断为妊娠糖尿病，大夫让她不用过度担心，怀孕期间控制好糖类的摄入，产后基本就会恢复。对她而言，这根本就不是什么问题，也不会对她的生活产生影响，因为她对糖没有任何渴望。但是在后来几个月的时间里，她却改变了原有的态度。通过她的自述，事情的经过是这样的：

怀孕期间，家里人或者身边朋友过生日，因为我不能吃糖，大家便把蛋糕拿得远远的。起初，我并没有觉得有什么不妥，可后来渐渐觉得蛋糕好像挺好吃的。

孕晚期我有点贫血，有段时间一直在吃阿胶粉，它的味道对我而言实在是太奇怪了，我就想放点糖进去搭配着吃。谁知我母亲把糖都收起来了，说怕我控制不住自己，所以替我收着。同时，身边的一些含糖量比较高的小零食瞬间也都不见了。随即我内心产生了一种对糖的极度渴望——太想吃了！

在这种情绪下，当我在医院生产完之后，就开

始上网购买饼干、小蛋糕等各种甜食，出院回到家的那一刻，我一个成年人居然像孩子一样奔向几箱甜食！

限制形成渴望。以食物为例，限制饮食会让人莫名地对食物产生渴望。在这种渴望下，一个人会把某种食物的味道想象得无比香甜、美味。就像很多减肥的人，不减肥的时候没什么，一旦开始减肥就会对不能吃的食物特别渴望，甚至明天开始减肥，今天就已经开始产生渴望情绪了。限制带来的是对事物的不客观的看待方式，久而久之就会演变成一种欲望。

孩子为什么会吃糖没够？是限制下产生的渴望情绪在作怪。“越不让做什么就越想做什么”，这是人的意识反向性。当意识反向性作用于吃什么、吃多少的问题上时，原本对食物的正常需求就会演变成渴望、欲望。不是食物本身有多好吃，而是限制引发了渴望情绪。如果家长能从情绪层面真正满足孩子的需求，他对某种食物的渴望也就转变为正常需求了。

没少满足，但为什么还是渴望？

在人与人互动的过程中，大家都不是“听”对方说了什么，或者“看”对方做了什么，而是获取对方真实的情绪信息。孩子在这方面的感受更加敏锐。

如果父母的做法不是真的想满足孩子，而是为了让孩子“不再买”“不再要”，或者是迫于无奈才勉强这么做，那么孩子捕获到的情绪依旧是“爸妈不想满足我”，在情绪没有被满足的前提下，孩子还会继续索要。满足感是一种情绪，而不是对物质的绝对拥有。

教育问题的解决：从情绪层面彻底放开限制

每个人都会通过感受来捕获信息，孩子更是如此。如果家长在情绪上没有任何改变，只是在做法上有所不同，那么孩子的情绪也不会改变，他们对物质还是渴望的；但如果家长在情绪上真的放开了，孩子对该事物的态度也会发生改变。

要求产生对抗，限制形成渴望。当家长通过自我验证得出，在看待糖果、巧克力、玩具等各种事物，像每天面对孩子吃饭一样平常时，孩子对这些物品的需求便会趋于客观。

简要总结

“吃糖没够”的孩子的家长往往是限制孩子吃糖的，限制形成渴望，渴望是一种内在情绪，是一个人无法用思维控制的。当家长从情绪层面彻底放开对糖的限制时，一个孩子的渴望情绪也会回归正常。

教育真相的还原：跟孩子“反”着来，事情能不能扳“正”

家长提问：我发现孩子总是跟我“对着来”，越想让他写作业，他就越不愿意写。后来我尝试了一次“反着来”，让他别写作业了，结果他还是不写！为什么“正反”都是一个效果呢？

教育真相：表象上的“反话”容易丢失权重

有很多家长思考过这个问题：既然孩子喜欢“对着来”，他的意识可能存在“反向”特征，那我们把要求反着提，不就可以得到一个正向的结果吗？

例如，我们想让孩子写作业的时候，就告诉他今天不用写作业了；我们想让孩子去洗澡的时候，就告诉他今天不要洗澡了；我们不想让孩子吃糖的时候，就告诉他再吃点糖吧……这样做之后，家长发现孩子回答的居然是：好的！

“意识不是具有反向性吗？我反着表达了，孩子的回答为什么没有反过来？”这是尝试过反向思维的家长所产生的困惑。

其实，家长无论是正向提要求，还是反向提要求，孩子捕获的都是家长真实的情绪信息，因为孩子具备解读情绪信息的天赋。换而言之，无论父母如何表达，只要在情绪层面是想让孩子“做什么”或者“不做什么”，孩子就能捕获到这个真实信息，在这个信息的影响下，他就会产生对抗情绪。

看看下面两个案例，家长的反向表达会给孩子带来什么样的体会。

案例1：爸爸观察到儿子没有要写作业的想法，过了一会儿，发现儿子还是没有写作业，又等了半个小时，儿子还在玩……这时爸爸忍不住了，对儿子说："你写不写作业我才不管呢，反正明天去学校老师发现你没有写作业，批评的是你，又不是我！"

案例2：妈妈给了女儿一把棒棒糖，然后对女儿说："从今天起，妈妈不再管你吃糖的事儿了，但是你自己心里可得有个数啊！"听完妈妈的话，女孩儿开心地接过棒棒糖，一口气连着吃了三根。妈妈看着这一切，内心已经极其不淡定了："天哪，这一会儿就吃三根了……"

如果你是孩子，面对爸爸妈妈这样的表达，你体会到的是真的不管吗？

意识是不会骗人的。当你意识层面越希望孩子做什么的时候，他就越不想做；当你意识层面越不想让他做什么的时候，他就越要做。当父母试图掩盖意识层面的真实信息进行反向输出时，孩子获取的依旧是意识层面最真实的信息，这是一个真相。所以我们不用做徒劳的事情，也没必要说表象上的"反话"，因为被孩子"识破”是很丢权重的事情。

教育问题的解决：父母的权重要足够高

当父母从意识层面真的不在乎孩子做某些事情时，孩子反而在这件事上没有了对抗情绪，他会真正、理性地为自己的事情进行统筹安排。大家可以从以下案例中体会一下这种感觉。

一个周日的下午，小涵妈妈在单位加班，晚上回到家已经8点多了。一进家门，小涵妈妈就问儿子：“小涵，你今晚跑步了吗？”小涵有点不好意思地说：“还没有。”

之前小涵承诺每晚都出去夜跑，而小涵妈妈是一个极其注重承诺的人，所以她一听到小涵没有跑步，就立刻抛出一句：“那出发吧，我陪你一起跑！”

小涵说：“已经8点多了，还要去跑步？”

涵妈：“对啊，这是你做出的承诺，而不是我对你的要求！难道你要做一个不信守承诺的人吗？”

小涵：“哦，那倒不是！现在是8点多，我们9点能回来吗？”

涵妈：“够呛，我觉得最早也得9点半了。”

小涵犹豫了一下说：“那好吧，我们快去快回，我还有一篇作文没写呢！”

小涵完全没有从妈妈的情绪层面捕获到她对写作业是有要求的（涵妈的所有情绪都在跑步上），所以写作业就成了他自己的事情，他自己就开始规划、安排时间了。毕竟没有做完作业被老师批评也是件令人不愉快的事情。但假如换一个场景，涵妈回到家就立刻质问小涵：“作业写完了没有？”小涵会如何回应呢？是会立刻去写作业，还是用“一会儿吧”等说辞来拖延和推迟呢？

很多时候家长需要进行自我情绪验证，要经常问问自己是不是对某事特别关注？例如，关于写作业这件事，自己是真的不关注吗？如果答案是否定的，那么也不用正向或者反向表达了，无论你如何表达，孩子捕获到的都是“爸爸妈妈想让我写作业”的情绪，在这样的前提下，孩子就会“不想写”，并且失去自我评判和规划的能力。

什么情况下才能打破意识反向性，让孩子接收正向信息呢？

1.孩子对事物的喜爱程度超越了要求带来的痛苦

假如一个孩子特别喜欢弹钢琴，那么在面对父母让自己练琴的要求时，虽然情绪层面会有一些抵触，但是与对钢琴的喜爱相比，喜爱还是占上风的。这种情况下，父母对孩子的要求打破不了他对钢琴的热情，此时，在现象层面不会呈现“反”的特质。

2.当父母的权重足够高的时候

当父母的权重足够高的时候，父母对孩子提的要求会引发孩子的思考和行为上的改变。

我们可以代入一个在自己心目中权重特别高的人（可以是你崇拜的老师），想象着他对你提要求："你最近的时间安排很混乱，从明天起，你要调整一下作息，把一切都变得规律起来！"这时候你会怎么想？是不是会顺着对方的话反思自己最近在时间安排上所出现的问题，以及该如何改进。

有一类看似"正向获取信息"的情况是非常不可取的，那就是孩子出于对家长的惧怕，从而产生了表象上的顺从，这类行为的内在逻辑叫作"情绪替换"。

例如，一个孩子回到家没有立刻开始写作业就会被父亲体罚，他为了逃离体罚的痛苦，就会选择回到家立刻开始写作业。这个孩子的行为和爱学习没有关系，只是逃离体罚的情绪替换掉了不想写作业的情绪。

孩子由于对家长的惧怕而产生的所谓的"正向行为"，让"做与不做"与他们的自我意愿失去关联，对事情的评判标准不是来自事物本身，这种让孩子丧失了自我判断的行为又有什么意义呢？难道我们希望孩子进入社会后没有自我判断能力吗？因此，这种"正向行为”的弊是远远大于利的。

简要总结

要求产生对抗，限制形成渴望。要求与限制是家长的内在情绪，而不是语言层面的表述。内在情绪没有改变，无论外在做法如何变化，依然会迎来孩子行为层面的“反向”。如何跳脱“反向”局面让孩子“正向”获取信息呢？父母的高权重是解决该问题的核心方式与方法。

真 相 5

孩子喜不喜欢写作业，取决于家长的态度

没有孩子喜欢写作业

曾经有孩子这样问我："田老师，这个世界上有人喜欢写作业吗？"这个问题着实把我难住了。在为难的同时，我还看到了家长对孩子写作业这件事情的过度关注。

教育真相的还原：孩子写作业总是磨蹭怎么办

家长提问：孩子回到家经常把作业拖到很晚才写，每次催促他，他都说知道了，马上就去写，但依旧磨磨蹭蹭。

教育真相：家长越在乎，孩子越抵触

“孩子写作业”是很多家长关注的事情，面对这件事情，家长们的各种要求与标准在无形中涌现出来。

孩子刚放学回到家，催促也接踵而至——“作业写完了吗？”“赶快写作业吧”“别再磨蹭了”，等等。一旦孩子开始写作业，家长各种要求接踵而至，比如坐好了、头抬起来、腰挺直、笔拿正了、字写好看点、写得快点，等等。

要求产生对抗，限制形成渴望。在这种要求下所形成的对抗情绪，让一个孩子很难爱上写作业。

任何你喜欢的事情，只要外界要求足够多，能够激发的对抗情绪足够大，终将在某个时刻会让你对这件事从“喜欢”变成“不喜欢”。

大家体会一下，一个喜欢写作业的孩子，如果对他提出了足够多的标准与要求，让他讨厌写作业也是很容易的事情。这就是要求孩子写作业所带来的对抗情绪下的产物。家长不妨将“要求”转变为“限制”。

从感受层面来讲，要求与限制所传递的情绪信息是截然相反的。要求所传递的情绪是——我希望或认同你这么做，限制所传递的情绪是——我不希望或不认同你这么做。由于“意识反向性”的存在，便有了“要求产生对抗，限制形成渴望”这样的普遍现象。

限制是家长不希望，甚至不允许孩子做的事情，例如，喝可乐、吃炸鸡、玩游戏、刷手机。越是家长不允许做的，孩子就越对该事物产生渴望，所以就造成了社会上的另一种常见现象：家长越限制什么，孩子就越对什么产生渴望。

如果限制了孩子的学习或写作业，那么孩子会不会对它们产生渴望呢？大家通过以下案例来体会。

琳琳在最开始学习钢琴的时候，妈妈要求她每天练习30分钟，琳琳虽然没有形成对抗情绪，但还是有点不太乐意。琳琳家楼下住着两位老人，有一次琳琳练琴的时候他们上来敲门，说他们心脏不好，希望晚上尽量不要发出动静。琳琳的爸爸不希望影响邻居的生活，更不希望对方再次到家里来投诉，所以让琳琳平时不要弹钢琴了，练琴集中到周末进行。

可让琳琳妈没想到的是，爸爸越是不让弹，越是限制，琳琳越在想办法克服困难。她每晚坐在钢琴前，踩着消音踏板练习，有时甚至不弹出声音，只是让自己的手指在琴键上“走来走去”。有时看到琳琳默默练琴的状态，连爸爸都为之动容。

在现实生活中，环境对学习无形的限制，反而让孩子对学习产生了渴望。大家可以回顾一下自己的成长历程，看看是不是某个时期也存在一些类似的经历。

要求产生对抗，限制产生渴望，每个人都是如此。所以只要孩子不是在厌恶学习的“深坑”里，如果家长减少一些对学习和作业的要求与标准，或者增加一些对学习的限制，孩子就不会那么抵制学习和写作业了。

以上内容从思维逻辑层面来讲，会感觉有悖常理，但从行为逻辑的层面来看，在生活当中却切切实实地存在。

生活中有这样一种说法：你越是希望孩子做的，他就越不想做；你越不希望他做的，他越要想尽办法去做。这类现象很多人看到过，感受到过，甚至这样的事情就发生在自己身上。可是问题产生的原因和解决问题的方法大家没有思考过，甚至还认为在“要求”的道路上，做法还不够科学，也不够多。

假如我们把要求和限制的事物进行对调，你可能会得到一个意想不到的结果。

我女儿上三年级之后，与她作业相关的任何事情家里人便不再关注和主动参与，把有关学习的责任彻底交给她。她写作业的环境和我“办公”时常在同一个空间下，我甚至还会无意识地请她帮忙：“嗨！小助手，能不能帮我拿瓶水？”“能不能帮我下楼取个快递？”“能不能帮我拿支笔？”这种请求无形地限制了她的学习。有时候她忍不住了，也会无奈地说：“老妈，能不能一会儿再让我帮忙，我正在写作业呢。”

当然，有些家长可能会说：“如果我让他干点别的事情，不用写作业，孩子巴不得呢！”如果以上内容引发了你这样的想法，这里面有两个问题：第一，这正好验证了之前太多的要求和标准已经让孩子抵触写作业了；第二，家长并没有真正限制他写作业，只是思维层面的一种表达而已。

孩子具备解读情绪语言的天赋，即便是事物对调了，但是要求与限制是真实的，是从情绪出发的。

教育问题的解决：家长的态度最重要

一个孩子写作业磨磨蹭蹭，该怎么办？是不断督促，要求他抓紧时间写吗？可能越是要求，他的情绪层面就越抵触，越抵触就越磨蹭。

面对这样的问题，我们不是提要求，而应该限制孩子写作业的时间。

家长可以告诉孩子："你什么时候写作业我不管，但咱们家9点（或10点）以后不许再写作业，无论你写没写完！"

这时孩子最有可能会问："我写不完作业，老师批评我怎么办？"家长可以这样回答："老师批评你，那是你的事。你每天只知道写作业，都不跟爸爸妈妈聊天我们还没有批评你呢！”

很多事情转变一下视角就能够看到真相。不要去关注孩子面对写作业这件事情的情绪有什么不同，而是应该关注家长面对孩子写作业这件事情的态度有什么不同。家长的态度造就了孩子面对作业时的内在情绪。

要求产生对抗，限制形成渴望。很多家长都为孩子的行为喜好而痛苦，越是希望孩子做的事，孩子越是抵触，而越是不让孩子们做的事，孩子反而喜好无度，甚至成瘾。

就像学习和玩游戏的关系。如果我们可以把面对两件事的态度完全反过来，那么肯定会有一个意想不到的结果。虽然这种想法有些匪夷所思，有悖常理，但正是这样，具体实施起来才会有“忍不住”的情绪。

家长尝试着去相信孩子，别让自我情绪成为家庭教育的绊脚石。

简要总结

家长往往太在乎孩子写作业这件事情，在这种“在乎”的情绪下，无形就会对孩子提很多要求。要求产生对抗，孩子不喜欢写作业就是这种对抗情绪下的产物。

假如我们能够放开对孩子提出的关于学习和作业的种种要求，并且通过限制让孩子对作业产生一些渴望，那么孩子不喜欢学习和写作业的情绪就可能得到改善。

教育真相的还原：为什么孩子认为作业是为家长而写

家长提问：孩子感觉是在为我写作业，经常说："妈，我把作业给你写完了啊！"感觉他对写作业、学习这些事情一点责任心都没有，真是让人头疼。

教育真相：情绪才是行为产生的驱动力

作为家长，听到孩子这样的表达，你会接受他的这种态度吗？如果不接受，你会怎么说？你是否会对孩子说："学习是你自己的事情，作业是你为自己而写，不是为我而写！"

家长对孩子说了这样的话，他就会这么认为吗？又或者你这样对孩子说："孩子，你告诉妈妈，学习是谁的事情？"孩子可能会回答："妈妈，学习是我自己的事情。”这样的回答，就一定代表孩子从情绪层面认可这件事情吗？孩子对待事物的态度，我们不仅要从思维的视角去评判，还要从情绪的角度去判断。

思维与情绪对人的影响是完全不同的，思维是脑子里的认识，情绪才是产生行为的驱动力。

早上，妈妈反复提醒小涵准备好当天要带的学习用具以及课本，当小涵磨磨蹭蹭地把一切准备齐全后，妈妈对小涵讲：“儿子，学习是你自己的事情，你快上点儿心吧！”

下午，小涵刚放学回到家，妈妈便迎出来接过他手里的书包：“先去洗个手吧，然后开始写作业。”小涵洗了手之后坐在学习桌前开始削铅笔，整理文具盒……妈妈看小涵一直没有动笔，便一遍遍地催促，最后妈妈不耐烦了：“小涵，写作业是你自己的事情，能不能不要让妈妈一遍遍地催你？”

晚上，小涵做完作业，妈妈检查完他所有的

作业后说："小涵，你过来把这两道数学题改一下，这两道题的答案都没写对；还有另一道题再重新抄一遍，写得太不工整了。"小涵对着妈妈摇了摇头，表示自己已经不想改了。妈妈见状立刻焦虑了："小涵，学习可是你自己的事情，你这么不用心可不行！"

如果你是小涵，你会认为学习、写作业是自己的事情吗？或许你思维层面是认同的——对，学习是我自己的事情，但在情绪层面，你会认为做这一切都是为了家长。家长在孩子的学习上给予越多的关注、要求、催促和监督，就越会让孩子在意识层面认为写作业不是自己的事情。

"是不是为自己而做"又决定了一个人效能的高低。

孩子在做什么事情的时候，会把它当作自己的事情？玩游戏、玩手机？

我们都知道孩子喜欢玩手机，其实成人也是一样。大家为什么喜欢玩手机？因为手机上的内容都是令人感到新鲜的。我们每个人都对自己不知道的、不了解的内容感到好奇。

探索新鲜事物是人类的本能。一个人玩手机、玩游戏都是对新鲜事物的获取，这时有人会问："学习不也是探索和了解新鲜事物的过程吗？为什么孩子对学习没兴趣，偏偏对手机兴趣十足呢？"

看看家长在面对孩子学习和玩手机这两件事情时态度上有什么不同。面对学习，家长往往对孩子是有要求的，而要求让人痛苦，孩子从情绪层面就会排斥；面对玩手机，家长往往是对孩子进行限制，限制使人形成渴望，所以孩子反而产生了为自己争取权益的意愿。这也是为什么很多穷人家的孩子被限制了学习，他们反而对学习充满了欲望。

对于学习和玩手机这两件事，家长下意识的做法让孩子无形地产生了"学习是为家长而学，手机是为自己而玩"的态度，所以从"为谁"的角度也解释得通，孩子为什么喜欢玩手机和游戏，而不喜欢学习。家长也可以从孩子对游戏的精湛程度和痴迷程度，感受到他对游戏的热情和效率。孩子如果明白是在为自己学习也会拥有同样的高效率，只是很多孩子拥有的环境很难营造为自己而学的氛围，我们也就很难看到孩子面对学习时投入的状态。

学习与游戏状态对照表

项目	写作业（学习）	玩游戏
谁的事情	内在认为是家长的事情	内在认为是自己的事情
状态	拖拉、磨蹭、反应慢，没有内驱力	积极、主动、思维敏捷，内驱力十足
效率	低效	高效

大家可以看到，孩子在做自己的事情时态度积极，思维敏捷，可一旦要写作业，反应迟缓和低效的程度，常常会让家长怀疑：“这是同一个孩子吗？”

从这个意义上来讲，如果让孩子认为学习是自己的事情，就能让孩子呈现玩游戏时的高效，这种高效会超乎家长的想象！

教育问题的解决：适当放手，让学习成为孩子自己的事情

学习是谁的事情？写作业是谁的事情？在这些没有被确定为孩子自己的事情之前，家长说得多或少，对孩子的帮助都是微乎其微，因为孩子认为他是在为你（家长）而做。但如果家长适当放手，让孩子认识到学习是自己的事情，那无须过多的表达，孩子的学习就会非常高效。否则家长做得再多也是徒劳。

有些家长适当放手，可让孩子体会一些小挫折，或者学习上的小教训，意识到学习是自己的事情。比如，孩子某次没完成作业被老师批评。只有父母放手，孩子才能高效地调动自己的思维，合理安排学习。这个过程也是让孩子提升自我价值感的好时机。

简要总结

家长对孩子的学习和作业过多地关注、要求、催促和监督，让孩子产生了“学习是为家长而学”“作业是为家长而写”的情绪，在这样的内在感受下，孩子无法调动自己的思维和行动，学习也因此变得低效。

如果想要改变孩子的这种状态，家长可以通过适当放手让孩子感受到学习是自己的事情，他是在为自己而学！

教育真相的还原：孩子为什么排斥学习和写作业

家长提问：现在很多孩子学习太卷了，这使我很焦虑，我的孩子再不好好学，他将来怎么能考上好大学，找份好工作？可他就是对学习很排斥，不愿意学。我该怎么办？

教育真相：排斥带来低效，接受带来高效

一个人面对某件事物的内在感受，决定了这个人对该事物是排斥还是接受。排斥带来的是人与物的互动效率低下甚至是没有效率，接受带来的自然是高效。

作为家长，面对学习时，你为孩子连接的是怎样的内在感受？是吃苦还是享受呢？

“吃得苦中苦，方为人上人”“学海无涯苦作舟”“今天不吃学习苦，明天就吃生活苦”……环境中的很多声音都为学习冠以“苦”的概念，在这种情绪连接下，孩子还没有真正开始进行系统的学科学习，就已经从情绪层面开始排斥了。追求美好、远离痛苦是人的本能，写作业作为学习的一个重要组成部分，在家长这种情绪连接下很容易让孩子产生排斥和想要逃离的心理。

身边有一位妈妈曾经向我描述：“孩子从上幼儿园大班开始就经常念叨‘不想上小学’。我其实知道孩子这种情绪的来源——身边不管是幼儿园的老师，还是家里的老人，都在跟孩子强调：你上了小学就不能这么自由了；你上了小学就必须好好学习；一年级课业跟不上，你后面就会年年跟不上……我感觉我最重要的工作，就是帮孩子过滤身边的这些负面信息，我很害怕孩子对学习产生误解和排斥。”

我很认同这位妈妈的想法和做法。为什么一年级课业跟不上就会年年跟不上？难道我们身边没有上小学时很调皮、很贪玩，到中学才爆发出学习潜能的孩子吗？家长的这些担心和焦虑都无形地为孩子冠以学习是“吃苦”的概念，暗示孩子今天不吃学习的苦，那可是万万不能的！

每天跑五公里是苦还是甜？每天洗衣做饭是苦还是甜？每天读书写字是苦还是甜？事物本身并没有特定属性，只是与人连接的内在情绪不同，于是便有了“苦”或“甜”的感觉！

在“苦”和“甜”不同内在情绪的作用下，人与人之间便产生了翻天覆地的效率差。

我们来看一看身边为数不多的享受学习的人：他们在面对学习时的状态是轻松的、积极的。这类孩子享受知识对自己的补给，遇到难题是兴奋的，他们以攻克难题作为自己价值的体现方式。

我们再来对比一下认为学习是吃苦的人：他们在面

对学习时的情绪是畏难的、消极的。这类孩子面对学习时的态度是能拖就拖、能逃就逃，遇到问题喜欢推诿或逃避是他们的一大特征。

教育问题的解决：保护好孩子的天赋与高效

作为家长，让孩子不要受到环境信息中负面情绪的影响，就是保护好了孩子的天赋与高效。要远离环境信息中的负面情绪，家长需要具备辨析力，拥有了辨析力就不会被很多“伪命题”左右自我的判断。

“今天不吃学习苦，明天就吃生活苦”，这句话体现的是典型的交换思维，强调的是物质交换。我们一起先来分析一下这种思维方式是否成立。

如果让孩子认为坐在宽敞明亮的教室里读书是件吃苦的事情，那这个世界上还有什么事情不是吃苦？我们还能让孩子换到什么“甜”？“今天不吃学习苦，明天就吃生活苦”，是一种对学习的错误解读！我们下意识地为孩子提供了一种思维方式——“正经事”是需要吃苦的。在这种思维方式的影响下，孩子会认为，未来的工作和生活也是正经事，也是需要吃苦的。

“今天享受学习的甜，明天更要享受生活的甜！”这是我们应该向孩子传递的积极认识。我们帮孩子建立了这样的基础心态和思维方式，他在学习时会处于享受和愉悦状态，学习效率也会有明显提高。而这种思维方式也会积极影响孩子的日常生活。

大家体会身边有没有这样一类人：在学生时代，他们爱好广泛，学习、运动、艺术、文学、交友等都是他们的爱好；他们成年之后，工作和生活又成为他们爱好的组成部分，所以常常感觉这类人玩儿着就把工作做好了，玩儿着就把生活过得美满了。

这类人的思维方式是：一切都是有意思的，一切都是好玩儿的。在这样的思维方式下，他们在做每一件事情的时候都是享受的，这才是他们做事高效的基础，也是生活幸福的基础。

简要总结

家长无形为孩子连接了学习是“吃苦”的概念，让孩子从情绪层面排斥学习。“今天不吃学习苦，明天就吃生活苦”是个伪命题，这种思维无形地为孩子建立了“未来很多正经事都要吃苦”的概念，比如生活和工作。

家长应该帮助孩子建立积极的认识——“今天享受学习的甜，明天更要享受生活的甜！”

真 相 6

孩子心态越好，学习效率越高

决定孩子做事高效与否的核心是什么

大家有没有发现身边存在这样的现象：有的孩子学习特别努力，放学就在书桌前写作业，经常温习功课到后半夜，但成绩却很一般；有的孩子几乎见不到他学习，放学后就出现在篮球场或者足球场，但成绩却非常不错；有的孩子学些“没用的”反应特别快，但一说到学科学习，智商就会急速下降，脑子不够用了……

决定孩子学习效率的核心是什么，为什么不同的人在面对不同事物时，存在如此大的效率差呢？

答案是：在情绪层面对事物的接受与排斥决定了信息获取以及处理的效率（一个人的信息获取与处理效率除了与情绪有关，也与一个人的思维方式有重要关联，但一个人的情绪会决定一个人的思维方式。例如，很多人在紧张或焦躁时，思维都会处于“宕机”

状态，故本章节只描述情绪对信息获取的影响）。

我们把面对学习的情绪简单地分为三个层面，即有兴趣、不讨厌、很讨厌。

大家体会一下，这三种感觉会对一个人的学习效率产生什么样的影响？

第一，对学习有兴趣。有的人把学习当作爱好，每次面对学习的时候，都能产生兴趣和探索欲。

第二，对学习不讨厌。有的人把学习当作一件很平常的事情，每次面对学习时的心情是平静的，没有喜欢或者不喜欢的感觉。

第三，对学习很讨厌。有的人不喜欢学习，每次面对学习时的抵触情绪让他充满逃离的想法。

通过以上分类，家长是不是一下子就能判断出自己的孩子处于何种层面？

我们暂且不去讨论那些对学习有兴趣的孩子，其实一个孩子在面对学习时，只要从情绪层面没有那么抵触，他的学习效率就不会低。可是现在很多孩子由于在情绪层面排斥学习，极大地影响了他们对信息的获取，导致学习效率低下，没办法发挥出自己最佳的状态。

教育真相的还原：为什么孩子“有用的”学不会，“没用的”学得快

家长提问：有时候我感觉我儿子是个天才，手机、电脑都玩得很溜；有时候我又感觉我儿子像个笨蛋，面对学习的时候，他的脑子像快停摆的时钟一样，反应也慢了，思维也迟钝了。

教育真相：信息获取效率由情绪来决定

很多孩子面对课业时，学习起来非常吃力，但学习其他东西时却异常高效！例如，大段的顺口溜，他们听一遍基本就可以复述了；流行歌曲听两遍就能哼唱了；看了几部美剧就会说里面的台词了；拿起一块滑板试了几下就可以滑走了……

家长们看到类似的画面，往往会这样评价自己的孩

子："有用的学不会，没用的学得倒挺快！"

到底什么是有用的，什么是没用的？这个问题没有标准答案。很多时候"有用"和"没用"来自家长的内在标准和评判，他们常常认为，跟学科学习相关的事物才是"有用的"。

为什么"有用的"学不会，"没用的"学得倒挺快？因为孩子在面对两类事物时的情绪是截然不同的。在面对"没用的"事物时，由于家长没有给予过多关注，所以孩子可以轻松面对，学习效率就会比较高；但面对"有用的"事物时，家长几乎没有不给孩子压力的，所以当孩子面对"有用的"事物时，整个人反应也慢了，行为也低效了。

先不谈人与人在天赋层面的差异（所谓的天赋也与环境密切相关，相关内容将在后面的章节中进行详细诠释），我们一起来看看一个人在面对事物的信息时，是如何通过情绪来获取效率的。

赵楠的爸爸上学的时候是个学霸，他的数学成

绩尤为突出，几乎每次考试都是满分。工作之后，他还是酷爱数学，每年的高考数学题他都会做一做，并且这个习惯持续了20多年都没有变过。

在赵楠的学习上，爸爸尤其关心他的数学成绩。他认为一个男孩就应该数学好，这是有逻辑的体现。赵楠爸爸在家里的时候，经常检查赵楠的数学作业，并且会为他找出很多数学题目考核他、提升他！每次赵楠达不到爸爸的预期时，爸爸都会特别生气："为什么这么简单的题目你都不会做？你知道我在你这个年龄的时候，这个难度的题目都不配出现在我的面前！"在爸爸的学霸光环和对数学的苛刻要求下，赵楠的数学成绩越来越差……他有很多次在放学回家之前都会把自己的数学卷子撕掉，丢进垃圾桶。

赵楠在面对数学的时候就像一根木头，但他对计算机却有着非常深入的了解。亲戚、朋友、同学，甚至是老师家里的电脑出现了故障，他们都会向赵楠寻求帮助。赵楠的爸爸一度想不明白，难道电脑的软硬件操作比高中数学简单吗？

赵楠是把“没用的”学得很好的典型。根据上述案例，我们可以判断，以赵楠掌握计算机水平的能力，他完全可以学好数学，但前提是他在面对数学时，要和面对计算机时的情绪一致。

我们可以抽象地理解：一个人只要面对事物A时能呈现出高效状态，那么在面对其他事物时也是能够复制此状态的，前提是他能够拥有面对事物A时的相同情绪。再具体到学习方面，一个孩子只要能把一门技能学好，那么他便具备高效的学习能力，前提是外在条件能够满足他内在的情绪需求。

教育问题的解决：家长的放手换回孩子的放松

面对学习效率低下的孩子，我大多会建议家长先降低一下对孩子学习的要求。很多家长执行之后欣喜地发现，孩子的学习效率出现了不同程度的提升。为什么降低要求，反而使孩子的效率提升了呢？因为家长的放手，换回了孩子的放松！

正常情况下，人对新鲜、未知的事物都有自然需求，甚至是渴望的，这也是为什么手机对大家有吸引力的主要原因之一，因为从手机上可以看到很多我们不知道的新鲜事。明明我们的本能对未知的信息有渴望和需求，可是在面对学科学习时，却没有了需求，这是因为很多家长无形中在学习这件事情上人为地制造了很多痛苦和障碍。

唠叨、限制，对于被要求的人而言是痛苦的，这种情绪层面的痛苦就会造成行为与思维效率的降低。

简要总结

孩子为什么在面对不同事物时会产生巨大的效率差？核心在于家长在面对“有用的”事物时无形中给予了孩子太多的压力，压力导致孩子的学习效率降低；但在面对“没用的”事物时，由于家长没有什么要求，无形中为孩子营造了轻松的学习环境，反而提升了效率。

教育真相的还原："菜鸟"学生如何逆袭

家长提问：孩子每两周写一篇作文，从周五拿到作文题目的那一刻起，我就感觉他周末做什么事情都带着压力，连玩儿都提不起劲儿。孩子一直拖到到周日晚上才开始写作文，并且作文的质量也只能用"凑字数"来形容。

教育真相：谁的心态更好，谁的学习效率就更高

一个人在做某件事情时，如果存在畏难、恐惧等负面情绪，那么他对这件事情就不可能高效。

还记得体育课上有一个运动项目叫"跳马"吗？很多学生铆足了力气冲到木马前，却因为恐惧而减速，最终停了下来。此时无论这个学生的协调性有多好，

反应有多敏捷，都无济于事。但“天资”差一些的学生，只要他拥有积极、勇敢的心态，反而可以取得不错的成绩！

其他科目的学习也是如此，谁的心态更好，心情更放松，谁的学习效率就更高。一个在各方面都占据优势的孩子，只要情绪层面受到了影响，效率就会大大降低。换而言之，如果一个孩子在情绪层面进入放松、积极的状态，即便“资质”差一些，行为输出也会变得十分高效！

回到“作文”的问题中来，孩子把作文从早推到晚，从昨天推到今天，再从今天推到明天，这种畏难情绪是阻碍“创作”的核心，改变这种情绪是文思如泉涌的基础。

电影《流浪地球》在2019年大年初一上映，很多学生去影院领略了这部科幻大片的风采，想借观看电影完成老师布置的一篇读后感作业。

小涵是一个极度畏惧写作文的初中生，开学

后老师布置的读后感他拖了两周还没有交。虽然他观影的时候特别激动，但回到家拿起笔，脑子就一片空白。他一会儿坐着，一会儿站着，一会儿喝口水，一会儿吃点东西……3小时过去了，写了不到100字。观影情绪已经完全被写作文的畏难情绪替代。

后来，他到我的工作室找我，把他的困扰讲了出来。听完他的描述，我拍着他的肩膀说："小涵，作文就是说话、聊天，由内而外的情绪输出。你想办法调用自己观影时的情绪，就会文思如泉涌了。"

之后小涵就开始跟当天来听课的几位家长聊天，询问大家观看影片时的感受。他在与大家的交流中越来越有感觉，突然在某个时刻，他举起手来说："我找到感觉了，我想表达一下，我想表达一下！"

我让他把手机录音功能打开再开始说话，用硬件设备记录下他满满的感受。那一刻，真的是一气呵成，情绪饱满啊！

最后被他整理完成的录音内容如下：

希望是一种宝贵的信仰

“救援队的叔叔阿姨们，你们好，我叫韩朵朵，是一个初中学生。我们的救援队正在执行最后的救援任务，我现在很害怕，腿在止不住地发抖，我只能看着大家拼尽全力，我什么忙也帮不上！昨天老师还在问我们‘希望是什么’，在这之前，我根本不相信希望这种东西，但现在我相信，我相信希望是我们这个年代像钻石一样珍贵的东西！希望是引领我们回家的方向。回来吧，加入我们一起战斗！点燃木星，救回我们的地球！我们就在苏拉威西三号‘转向发动机’控制中心，正在王磊上尉的指挥下行动。中国CN171-11救援队韩朵朵播报完毕。”

随后这个吓得发抖的初中生毅然决然地投入救援工作中，这时候我发现，我也是一名初中生……我是否有勇气在几乎没有希望的时候，依然为之付出努力？想到这里，我惭愧了。

2018年的夏天，我带病参加了一场冰球比赛，结果在意料之中，我输了。在今天之前，我一直认为我输给了对方，而其实我是输给了自己。

“我很难受”“我不行了”“我跑不动了”，我满脑子关注的都是这些，我没想过“我没事！”“我能行！”“肯定没问题！”是我首先放弃了“希望”。我没想过我能赢，至少有赢的概率吧，但是我放弃了！好可怕，可怕的是我没有想过赢，我连赢的勇气都没有！

和同学之间有了矛盾，我希望他能过来跟我化解，希望随着时间的推移，矛盾渐渐消失，甚至希望有其他同学介入，帮助我消除矛盾、缓解压力，我唯独没有想过自己站出来把事情说清楚，把彼此的情绪化解掉。

学习上，很多时候我觉得我尽力了，或者认为以自己的能力做不出题很正常，甚至认为答案蒙不对是命不好！现在想想，是解开这些难题的希望为零，还是我自己更优秀一些的希望为零？都不是，是我没有选择可以更好，是我放弃了这些希望！

如果《流浪地球》中大家通过努力，使事情从毫无希望变成获取成功，那作为初中生的我们，还有哪些事情是零希望的呢？又有哪些希望是不可以实现的呢？

“相信自己还有希望”是像钻石一样宝贵的信仰。

小涵的作文虽然交晚了，但是老师给出的评语是：读完之后感觉整个人充满了希望，整个身体充满了力量，这篇文章真正地打动了我！

教育问题的解决：给孩子绑定高效的情绪

我们每个人都可以在自己的情绪里“侃侃而谈”。写作首先是让自己进入自由输出的状态，然后把自由输出的内容整理成通顺流畅的文字，写作文就会变得很简单。

再诠释得详细一些：可以帮助孩子代入情绪表达，在表达的过程中，用录音软件进行录音，之后再把录音转换成文字。1分钟录音大约可以输出200字，那么即便是800字的作文，也只需要表达3～4分钟。面对写作文时的情绪轻松了，孩子也更容易表达出真情实感。

我教过的学生用类似的方法写了很多作文，而且还有很多学生的作文获得了奖项。

高效的核心是什么？是让孩子进入轻松、愉悦的情绪状态中。从这个视角来看，教育是什么？就是为孩子绑定一个让他们高效的情绪！

简要总结

孩子面对“写作文”时所产生的畏难情绪，是造成写作无法高效完成的核心原因。为孩子消除畏难情绪，帮助他们绑定轻松愉悦的内在感受，是做事情高效的基础。

真 相 7

孩子是否专注取决于他对事物的态度

到底什么是专注力

“专注力”一直是热度很高的话题，很多家长一提到孩子的专注力就特别焦虑。

老师评价某个孩子没有专注力，一般会进行如下描述：课堂上经常走神、讲话、做小动作。家长评价某个孩子没有专注力，一般会有类似的表达：在家里看书、写作业的时候注意力特别不集中，一会儿要喝水，一会儿要吃东西，一会儿又要上厕所……

但是，也有一些家长会发出这样的感慨：“你说孩子没有专注力吧，他为什么玩玩具或者手机的时候特别专注呢？你说他有专注力吧，为什么一写作业、看书就变得多动呢？”那到底什么才是专注力呢？

专注力是指“人与人”或“人与物”进行情绪互动的一种外在体现形式。

以观看影片为例，一个人看进去了，进入剧情了，就进入了情绪互动状态，这种状态被大家称为“专注”。而当一个人没有被剧情吸引，或者对剧情不感兴趣时，便无法进入情绪互动状态，也就是我们通常说的“看不进去”，这种状态被称为“不专注”。专注力是一个人对待事物内在态度的外在体现，简单来说，一个人是否专注，取决于这个人面对某个事物时的态度是喜欢还是排斥。

教育真相的还原：专注力不好是一种病吗

家长提问：孩子专注力不好该怎么办？很多人都建议我带孩子去医院检查，说通过治疗才会好转。

教育真相：缺乏专注力其实是没有与事物产生情绪互动

当家长反馈这个问题时，首先要思考，孩子是面对所有事物时都没有专注力吗？在面对自己感兴趣的事物时也缺乏专注力吗？还是只有在面对一些大人关注的事物时才不够专注。

例如，一些孩子在课堂上听课，或者在家里写作业时不够专注，就会被评价为“没有专注力”。这种以偏概全的认识往往让家长非常焦虑，认为没有专注力是一种内在属性的缺失，孩子的人生都没有希望了，甚至有的家长认为这是一种病，需要治疗。

当然，也有家长发现了其中的蹊跷。有一位家长因孩子在课堂上听课不专注去医院就诊。候诊期间，她发现孩子捧着一本漫画书看了近1小时，完全看不出孩子不专注。从那时开始，她开始质疑自己对专注力的判定。

如果一个孩子在“某人”或者“某物”上没有专注力，只能代表孩子没有与“这个人”或者“这个物”产生情绪互动，不代表这个孩子与“其他人”或“其他物”不会发生情绪互动。就像一个人在观看某部影片时没有看进去，不代表他在观看其他影片时也看不进去，这是同一个道理。

教育问题的解决：正确评价孩子的专注力

孩子的状态被家长评价为专注时，需要同时满足两个条件：第一，孩子与事物产生了内在的情绪互动；第二，家长对该事物是认同的。

很多有关“孩子专注力不好”的评判，是由于孩子在做家长认同的事物上不够专注。如果一个孩子在玩游戏时体现出极其投入的状态，很多家长往往会用“沉迷”或者“沉溺”等字眼来形容。其实，专注与沉迷都是对同一状态的描述。

当孩子与我们认同的事物（学习、写作业等）产生内在情绪互动时，我们会评价为专注；当孩子与我们不认同的事物（手机、游戏等）产生内在情绪互动时，我们会评价为沉迷或沉溺。家长下意识地调用不同词汇，体现了他们对事物的不同态度。

简要总结

孩子不是没有专注力，只是在家长期待和认同的事物（例如学习、写作业等）上没有产生深层次的情绪互动，这不能代表孩子没有情绪互动的能力。另外，在我们不认同的事物上即便孩子是专注的，家长对这件事的评价也会变成沉迷或者沉溺。

教育真相的还原：让多动的孩子静下来就可以解决问题吗

家长提问：孩子写作业时总是多动，缺乏专注力，一会儿转笔，一会儿搓橡皮，一会儿摆弄尺子……该怎么办？有什么办法可以让他静下来？

教育真相：动和静都不等同于专注

专注是一种内在情绪，每个人在专注时的外在体现形式是不同的。有些人专注时的外在体现形式是静态的，有些人专注时的外在体现形式是动态的。

以看书为例，如果一个孩子紧紧地盯着书本，一定代表他很专注吗？一个孩子时而转笔，时而搓橡皮，时而摆弄尺子，就一定代表他不专注吗？答案是否定的，专注与否是无法通过外在行为来评判的。

教育问题的解决：不要通过外在行为评判孩子是否专注

动，不代表不专注。代入我们成人世界“思考问题的状态”来体会：有些人平时喜欢边散步边思考问题；有些人喜欢在喝咖啡或者喝茶时思考问题；有些人喜欢边听音乐边思考问题；等等。很多人的专注是在动态下呈现的。

静也不代表一定专注。静下来，有可能走神了，还有可能在发呆，也有可能是犯困了。所以表象层面的静，并不代表一个人一定在专注地做事情。

简要总结

专注与否是无法通过外在行为来评判的，有时孩子可能处于一种动态专注状态中。

教育真相的还原：不认真写作业就是缺乏专注力吗

家长提问：孩子在家写作业时缺少专注力，一会儿说笔不好用要换一支，一会儿又说坐着不舒服要换个姿势……我们提醒她，她会停一会儿，不提醒就一直是以上状态，有时候我都怀疑孩子是不是患上多动症了。

教育真相：要求所产生的不良情绪会替换掉孩子写作业时内在互动的美好

一个孩子在面对某件事物时缺乏专注力，首先可以判定这个孩子可能对该事物没有兴趣或者不太喜欢。其次，专注是内在互动的外在体现形式，通过外在的要求和提醒是很难让一个孩子专注的。

大家可以借用孩子观影的例子来代入感受。一个孩子在观看某部影视作品时，有可能是影片不吸引他而导致注意力不集中，有可能是陪伴他观看的人让他无法进入状态，还有可能是观影的环境让他不舒服，等等。

面对孩子写作业这件事情也是如此。喜欢写作业的孩子不是多数，首先是孩子面对作业时其内在情绪的不接受而出现“多动”的外在特征；其次，陪写作业的家长是不是会影响孩子进入写作业的状态呢？最后，要考虑家里的学习环境是不是有助于孩子进入学习情绪互动状态。

有多少孩子不喜欢写作业，就有多少要求孩子写作业的家长。之所以很多孩子在面对写作业这件事情上是逃避的态度，其主要原因是家长对这件事情的要求太多。

家长提出的要求所产生的不良情绪，替换掉了孩子写作业时内在互动的美好，所以很多孩子在面对写作业这件事时是排斥的，是想要逃离的。也正是在这样的情绪下，孩子才产生了一会儿换笔、一会儿换坐姿的外在行为。

教育问题的解决：帮助孩子与作业建立美好连接

我们可以通过以下几个方面来帮助孩子进入学习状态。

首先，通过与家长的良好互动让孩子进入学习状态。

在我们的学生时代，很多人有过这样的感受。由于非常喜欢身边的某位大哥哥或者大姐姐辅导自己写作业而爱上了某个学科。我们现在在孩子身边能不能产生这样的效果呢？在辅导孩子学习时注意形式，让孩子觉得写作业很有趣，从而让孩子通过与家长的互动爱上写作业，进入学习状态。

有很多父母在孩子写作业这件事情上非但没有给予任何压力，而且在孩子需要辅导时，还会给予有趣的互动以及各种不同的解题视角和思路，让孩子面对学习和写作业这件事情时总是保持轻松和愉悦的心情，还充满了探索欲。

其次，在环境中建立美好连接，从而进入学习状态。

在环境中能够主导孩子情绪的首先是人，其次是物。大家在学生时代有没有这样的经历：当你拥有了一支自己特别喜欢并且特别好用的笔，你会发现自己因为这支笔而爱上了写作业，甚至写完作业后还想找点东西写一写，享受这支笔所带来的美好感受。

既然一支笔都可以带来这样的影响，我们可以让孩子通过布置学习环境，以及选择自己喜欢的文具等，间接与学习产生美好感受。例如，让孩子选择自己喜欢的学习桌、学习椅，选择自己喜欢的桌面收纳工具，让他在自己布置的环境里有满满的存在感和价值感。在属于自己的空间里，孩子的思维可以更敏捷，想法可以更独特。

讲到这里，家长们应该能够找到一些在家庭环境里提升孩子专注力的方式和方法了。让我们通过与孩子的互动以及环境信息的搭建来帮助他们提升专注力。

简要总结

一个孩子在面对某件事物时是否专注，代表的是他对该事物的喜欢程度。孩子在写作业时，常常一会儿这样，一会儿又那样，显得很“多动”。这种“多动”体现的是孩子的内在情绪——对写作业没兴趣。如何改变现状，提升孩子所谓的专注力，就是通过前面讲述的方法，帮助孩子连接一些与学习之间的美好感受。

教育真相的还原：让孩子注意力集中的秘诀是什么

家长提问：老师说孩子在课堂上听课缺少专注力，关于这个问题我们跟孩子谈了好多次，也对他提了很多要求，但依旧没什么效果。我们该怎么办？

教育真相：要求只能破坏情绪

孩子在课堂上听课缺少专注力的原因有很多。例如，老师授课不够吸引他，他对某个学科不感兴趣，孩子被其他的事情牵扯了精力，等等。但无论是哪种原因，通过提要求让一个孩子具备专注力，这几乎是不可能的。

网上有这样一个笑话。

儿子回到家中对爸爸说："老爸，我今天的注意力很集中！"

爸爸问："怎么很集中了？是老师表扬你了吗？"

儿子说："没有啊！你不是要我集中注意力嘛，所以今天上课的时候，我几乎每分钟都对自己说十几遍'要集中注意力，要集中注意力……'"

爸爸说："儿子，好样的！那今天老师都讲什么了？"

儿子惊诧地看着爸爸说："啊？这个……这个……我不知道啊，我一直在提醒自己集中注意力呢！"

虽然是一个笑话，但我的身边也发生过类似的事情。之前有一个学生告诉我，他的老师和父母总是批评他不够专注，于是他就在课堂上不断地提醒自己要专注，后来他发现这个提醒自己的过程，反倒让自己更加不专注了。

认为提要求能够让一个人专注，这是一个误区。当我们通过提要求来让对方进入专注状态，这种做法只能破坏情绪，使一个人更无法专注。就像我们希望孩子老实地坐在凳子上，要么通过讲故事吸引他，要么播放可以吸引他的动画片或影片……而不是对他提出一个“要专注”的口头要求。

教育问题的解决：增加孩子与老师的情绪互动点

在课堂上，如果孩子很喜欢他的授课老师，那么这种情绪所带来的互动，会让孩子在外在状态上是专注的。我们可以想办法增加孩子与老师的互动，让孩子进入专注状态，以达到提升学习效率的目的。

大家可以体会以下做法，用于增加孩子与老师的情绪互动点。

方法1：建议孩子在课堂上猜老师接下来会布置什

么作业。

方法2：建议孩子在课堂上猜老师下一句要说什么。

以上两种做法会增加孩子在课堂上的情绪融入度，他在课堂上猜老师接下来的计划和安排，就像猜测“剧情”的发展一样，使孩子慢慢融入老师的授课内容，听课的专注度和学习效率也会随之提升。

这种感觉就像一个孩子在观看某部自己不是特别感兴趣的影片时，我们让他猜猜剧中的某个角色想要做什么，他接下来将会有什么安排，这些由我们预设的关注点可以帮他“看进去”和“听进去”。

方法3：建议孩子去发现老师授课的“漏洞”。

还有的孩子特别不喜欢上某些课程，我们可以建议孩子在课堂上找老师授课的“漏洞”。孩子最开始听到这个建议会特别兴奋，感觉可以体现自己的价值。渐渐地，他就会发现，想要“玩好这款游戏”，就要探索“游戏规则”。在这种探索中，孩子渐渐了解了老师的授课内容、思路、解题方法等，慢慢就会融入课堂，并且喜欢上这门课程。

通过环境信息的搭建，可以帮助孩子进入专注状态。如若孩子所处的环境家长无法参与，此时帮助孩子在情绪层面设定“切入点”，是高效提升专注力的方法。

简要总结

认为提要求能够让孩子专注，这是一个误区。提要求只能破坏孩子的情绪，使孩子更加无法专注。专注力是内在情绪互动的外在体现，帮助孩子在情绪层面设定切入点，是高效提升专注力的方法。

真 相 8

孩子“知道”与“做到”之间缺少的是行为逻辑

孩子明明知道，为什么就是做不到

很多家长痛苦于孩子明明知道“好好学习，天天向上”的道理，也知道良好行为习惯的重要性，可他们为什么只停留在“知道”层面，而没有行动呢?

有关“知道”为什么不能引发“做到”的原因，我想通过下面这个例子的介绍，大家就会找到它们各自的逻辑。

> 大家都知道吸烟有害健康，可因为了解这一道理而放弃吸烟的烟民有多少?
>
> 吸烟有害身体健康是思维层面的逻辑，脑子很清楚它的危害性，却阻止不了行为层面的继续。能够让一个吸烟者放弃吸烟是需要情绪层面的触动的，这种触动引发的行为层面的改变属于行为逻

辑。例如，有一位IT工作者，他边抽烟边加班到凌晨，第二天早上他非常不舒服，舌头发麻、嘴里发苦，并且这种症状持续了很多天。这让他深刻感受到吸烟对身体的伤害，于是决定不再吸烟。对这位IT工作者而言，吸烟之后给身体带来的不舒服、痛苦的感觉，是他放弃吸烟这种行为的成因。

能够让一个人发生改变的，不是思维层面明白的道理（思维逻辑），而是情绪层面受到的触动（行为逻辑）。

教育真相的还原：为什么“知道”却做不到

家长提问：我的儿子今年上高二，那些“好好学习”的道理，他比我了解得还透彻深入，可他为什么就不好好学习呢？

教育真相：把一个人的思维逻辑当成了行为逻辑

很多家长经常对孩子说：“你要好好学习，以后考一所好大学，考上好大学，毕业后就会有一份好工作，有了好工作，你的人生就会……”

家长在讲这些道理的时候头头是道，但听了这些道理而改变现状的孩子又有多少呢？那些没有听道理而改变行为的孩子，他们难道不认同这些道理吗？我们来看一个真实的故事。

燕子上初中时，特别喜欢逃课去校外玩。燕子的母亲不厌其烦地给她讲道理，而她每次都是回答：“知道了，知道了！”但在行为上却没有任何改变。这种情况一直持续到她上初三。

有一天，燕子放学回到家，看到母亲坐在沙发上掉眼泪。燕子特别紧张地走过去，问道：“妈，你怎么哭了？”燕子的母亲尝试着收起眼泪：“我担心你啊，都这么大了，学习还没有一点起色，以后可怎么办啊……”说着，眼泪又忍不住流下来（这让燕子感受到，母亲真的是在为自己的未来担忧，而不是像之前那般讲道理、提要求）。燕子看到母亲难过的样子特别自责，从那以后，她彻底改变了以往的行为方式，再也没有旷课。一年后，她考上了当地的重点高中。

思维逻辑：一个人明白应该好好学习的道理。

行为逻辑：某些事情的发生触发一个人产生了好好学习的想法与外在行为。

家长们期待孩子在行为层面发生改变，是需要情绪驱动的，这是产生行为的核心条件。由于不了解这一点，我们在教育孩子时，常常从思维逻辑的视角出发。思维逻辑是指除操作外，事物在认识上以及道理层面的逻辑关系。一般情况下，思维逻辑是一个人在大脑中构建出的事物之间的逻辑关系。

例如，作为家长往往会认为：我们对孩子提要求了，他明白了好好学习的道理，学习成绩就应该提升；我们告诉孩子在课堂上应该专注，他们就应该具有较强的专注力；我们把打架的危害跟孩子讲清楚，他们就应该终止类似的行为；等等。这些都是思维层面的逻辑。我们常常把思维逻辑当作一个人的行为逻辑，这就是很多优良行为很难被建立以及很多问题很难被解决的核心原因。

那什么是行为逻辑呢？

行为逻辑是指能够让某种行为产生的必要条件（意识环境的搭建、情绪的传递）。它与思维逻辑是两套完全不同的逻辑。

由于我们之前没有发现思维与行为是两套逻辑，所以才常常试图用认知和道理去改变一个人，而没有想过找到产生行为的必要条件。

例如，想要改变“一个孩子不喜欢学数学”的现状，不是通过告诉他学习数学有多重要来改变现状，这属于思维逻辑，而是应想办法让他对数学逻辑感兴趣，而喜欢上数学，这是从行为逻辑出发，帮他找到爱上数学的必要条件。

在《学习一门与孩子沟通的语言》中记录了这样一个案例：一个4岁的小女孩由于看了恐怖电影，晚上吓得不敢入睡。这样的情况很常见。但是解决问题的方式是什么呢？从思维层面告诉受到惊吓的孩子：“电影里的那些内容都是假的，没什么好害怕的！”可是哪个孩子会因为这些道理就从恐惧情绪当中走出来呢？

现在大家应该能够明白，很多教育方法“失效”的原因，是教育者常常给予被教育者的是思维层面的逻辑，而没有为他们的行为改变找到必要条件。

小女孩是被电影中突然出现又消失的某个角色吓着了，所以她的父母在现实生活中为她“诠释”了这个忽而出现又忽而消失的现象是如何产生的。他们为坐在沙发上的小女孩录制了一段视频，然后又为空沙发录制了一段视频，之后将这两段视频交替播放……小女孩看过之后发出了感慨：“啊？原来是这样的？！”随后便轻松入睡了，问题得以解决。

思维逻辑：让孩子从思维上知道那些恐怖画面是“假”的。

行为逻辑：让孩子自己体会到那些恐怖画面是“假”的。

教育问题的解决：满足一个人的行为逻辑

当我们把思维逻辑与行为逻辑这两个概念分得很清楚时，你会发现自己在无形中已经具备了对很多事情进行评判与分类的能力。你会评判这个人给出的是思维逻辑，那个人帮对方罗列出了行为逻辑，等等。在我们面对教育问题时，也可以避免很多冲突。在思维逻辑下，孩子的行为没有发生改变，那是因为环境没有满足能够让孩子产生某种行为的必要条件。当我们体会到这层关系，便不会盲目地指责孩子，更不会陷入自怨自艾的情绪中去。

简要总结

能够让一个人发生改变的，不是在思维层面明白某些道理，否则每个人都能够“心想事成”了。每种行为的产生都是需要内在情绪来驱动的，满足这种情绪需求的过程，就是满足一个人行为逻辑的过程。

教育真相的还原：如何让孩子“做到”的秘密

家长提问：每天辅导女儿写作业，简直能把我气吐血。很简单的字，教了很多遍，还是写得歪七扭八；刚提醒坐姿要挺拔，没多久腰又塌下去了；刚强调了握笔姿势要正确，没多久她又用整只手攥着笔去写字……我还没发火呢，她先不乐意了，不愿意写作业了！这才刚上一年级就不喜欢写作业，以后该怎么办呢？

教育真相：过度关注导致内在行为逻辑被破坏

我们教育孩子的过程，是不断满足其优质行为产生的必要条件的过程。是否能有步骤、有节奏地推进这个过程中的具体内容，决定了孩子优质行为最终是否可以被呈现。换而言之，不符合行为发展规律的要求与标准，只能让孩子产生想要逃离的想法。

追求美好，远离痛苦是人的本能。对一个人提要求会使其产生不美好的内在感受，从而形成想要远离某事物的内在情绪，在这点上孩子和成人都适用。实现个人想法是美好的，是有价值的，如果我们让孩子有步骤、有节奏地实现个人想法，那么孩子的内在体验将是一种美好感受。但家长要注意，这个过程不是一蹴而就的。

为什么绝大多数的孩子不喜欢写作业，逃避写作业？因为我们家长不了解行为逻辑的存在，所以在很大程度上破坏了孩子能够“爱上写作业”这件事情的内在行为逻辑。

以学习语文为例，从汉字到组词，从组词到造句，直至后面的写作文。这属于学科的认知逻辑，是在认知层面由浅入深的递进关系。但写字是需要付诸行动的，属于行为逻辑。

作为家长，可能会认为书写单个汉字比较简单，因为汉字尤其是一年级学习的汉字，在整个语文知识体系中属于非常初级的内容。但家长忽略了一点，对于刚入学的一年级学生而言，别说写字了，他们对于什么是“写”，以及如何控制好手中的笔都没有清晰的概念。

由于家长没有体会到孩子的“新手”状态，只是从认知上觉得这么简单的内容孩子总也写不好。

我想到身边一个真实的案例：一个一年级的孩子在被妈妈催着快点写作业的时候，被一行“一”给难哭了：“这个太难了，要写的笔画太多了……”在成人的世界里这是一个笑话，可是在孩子的世界里却是内心的无奈。

写字已经让孩子自顾不暇，还要注意坐姿、握笔动作等，这些要求和标准的同时实现，对于很多“新手”学生来讲简直是不可能完成的任务。即便孩子正在书写一些认知上非常简单的内容，比如“一”这个字，但一些不符合行为逻辑的要求也会让孩子对写作业这件事产生排斥心理。

以孩子学习母语为例，孩子为什么不觉得学说话困难呢？因为在学习母语时，环境信息无形地满足了说话所需要的行为逻辑。孩子第一次开口叫“爸爸”，即便他的发音是“啵啵”，大人也会格外欣喜：“孩子会叫爸爸了，孩子会叫爸爸了！”而不是去纠正他的发音和嘴形。欣赏、认同、循序渐进，让一个孩子在环境中满足了愿意表达的基础条件。

我们再回到孩子写作业上来，如果孩子第一次握笔，握笔姿势和坐姿都有问题，家长可以接受吗？如果孩子第一次写汉字时，把一个汉字歪歪扭扭地“画”出来，家长可以接受吗？如果不能接受，还让孩子达到所有要求，大家体会一下，孩子的短时情绪一定是紧张。长此以往，孩子就会对写作业产生排斥心理，甚至排斥学习。

我们可以把对孩子学习母语的感觉“复制”到写作业上来。家长可以一点点规范孩子写作业的方式和写字的姿势，让孩子逐步达标，并在达标的过程中获得价值感。

例如，最开始只要孩子完成学习任务就可以，在写作业的过程中主要是练习控笔。过段时间再告诉他，这个字怎么写，怎么布局才好看；之后帮助他提升一下写字的速度，调整一下握笔姿势；等等。家长循序渐进地帮助孩子提升，让他一点点地感受写字、写作业带来的美好感受。

在帮助孩子有步骤、有计划地提升的过程中，很多家长会问我一个问题："田老师，孩子在写作业过程中有那么多问题不纠正，今后会不会养成不良的习惯？"有这样问题的家长，有两个概念没有搞清楚，那就是"习惯"与"事物的初级阶段"。

习惯是一种下意识的行为方式，而事物的初级阶段是一个事物还不成熟的状态。当家长把二者混为一谈时，就容易焦虑，并且还会对孩子的行为有过多的干预。

孩子刚开始学说话时，总是咿咿呀呀地说不清楚；孩子刚开始学走路时，总是左右摇晃甚至会跌倒。可是我们没有担心孩子这样做会形成习惯。包括我们成人在学习新鲜事物时，如打乒乓球，最开始的动作肯定是很笨拙、很不协调的，我们也没有担心这样的动作会变成习惯。因为大家深知此时的“问题”不是问题，而是一个事物的初级阶段。家长在面对孩子学说话、学走路，以及自己学习新技能的时候，他们有这样的基础认识，但由于家长对孩子的学习、写作业过于关注，反而没有了“初级阶段”的认识，这种下意识的行为在无形中破坏了孩子爱上学习（写作业）的内在行为逻辑。

教育问题的解决：实施教育，需要分步骤、有节奏地推进

在面对孩子写作业这件事情上，很多家长常常会无意识地破坏孩子能够爱上写作业的内在行为逻辑。优质行为的产生往往不是一蹴而就的，家长在思维上对孩子的过多要求，会破坏行为产生的内在规律。对于我们而言是“写一个简单的字”，但对于连“写”和“控笔”概念都没有的孩子而言，是非常困难的，更不要说还有其他要求。

当我们面对孩子写作业时，应该像孩子学习母语时一样，分步骤、有节奏地推进，遵循孩子内在的行为逻辑，写作业的过程中存在的问题就会逐步得到解决。

简要总结

家长对孩子实施教育的过程，是不断满足其优质行为产生的必要条件的过程。在这个过程中需要分步骤、有节奏地推进，否则，不符合行为发展规律的要求与标准，只能让孩子产生逃离的想法。

教育真相的还原：为什么说让孩子“做到”不可操之过急

家长提问：为了让孩子安排好他的学习和生活，我感觉自己已经黔驴技穷了。除了各种提醒无效之外，让他做的一个个计划表最终也都“报废”。孩子马上要上初中了，他还不能做到自律该怎么办啊？

教育真相：在“他律”下不可能产生自律

首先，在“他律”下，是不可能产生自律的。

在“他律”下，一个人的行为标准是对方有没有提要求，而不是根据事物发展规律由衷地做出与之相匹配的行为。对孩子进行提醒，让孩子做计划，这已然和自律无关。

其次，一个人能够逐步安排好自己的学习和生活是需要过程的，忽略这些过程，只要结果，必然是行不通的。

本小节将为大家讲述一个“自律”行为产生的过程，以便对行为逻辑有更深刻的体会。

21：30睡觉与6：30起床的自律行为

小苏开学上三年级，她每天都能准时起床，按时到校，不用父母提醒。

从表象来看，她一开学就变得非常自律，基本上每天21:30就睡了，早上会被自己设定的6:30的闹铃唤醒，自己坐公交去上学，放学后会主动完成作业；从第三方视角来看，孩子长大了，知道安排和规划时间了；从行为逻辑的角度来讲，是家长帮她一点点建立起“自我安排”的行为逻辑，创造了能够产生自律行为的环境。

下面我们一起来看看如何有步骤、有节奏地建立行为逻辑。

第1阶段：“播种”

小苏的父母希望她在上三年级之后，能够合理安排自己的生活、学习以及其他各种事务。有了这样的目标设定，于是在三年级前的那个暑假开始帮她搭建可以实现自我安排的环境。

在距离暑假结束还有两周的一个周日，小苏的爸爸对她说：“小苏，你的几个好朋友都跟我说他们的作业快写完了，但他们说从未看到过你写作业，他们猜测你一个字都没写！不过他们的话不重要，我相信你能够把自己的时间安排好，在开学之前把一切事情都搞定！”

小苏感受到了爸爸对自己的信任，所以她立刻回应道：“没问题，老爸，这些作业我会自己安排好的！”（这里的重点是，老爸的一番话让孩子捕获到的信息是爸爸的关注点在于自己是否能安排好学习时间，而不是在关注自己的作业问题，所以孩子答应的是能够安排好自己的事情，而不是一定完成好作业。）

小苏虽然答应了爸爸自己协调时间，但是从周一到周四她什么事都没有安排，还是完全沉浸在放假的松散状态中。周四下午，她和堂哥在家里没完没了地聊天，爸爸看他们没有要结束的意思，就有点生气了，他对小苏说："你们在这儿净聊些没用的，也不去安排你的事情，你的作业安排好了吗？我真的要生气了！既然你不会安排，那我就来帮你安排！"

第2阶段：情绪干预——为自我安排连接美好感受

小苏平时自己写作业的时候，手里摆弄个玩具，想去喝水、吃东西、上厕所，爸爸都是不反对的。但是那天，爸爸要求她坐下写2小时作业，不许求助，不许摆弄笔和橡皮，不许喝水、吃东西，不许问问题，要保持姿势端正，并且要在规定的时间内认真完成数学作业。

面对爸爸的严格要求，让小苏最为难的是她有很多题不会写，又没办法求助，所以她急哭了两次。后来她的小伙伴陆续来到家里约她出去跑步，可是她数学作业还没有写完，又急哭了。

爸爸问她："你的作业以后是我来帮你安排，还是你自己安排？”“我来安排，我自己来安排！”小苏想也没想就做出了回答。她深刻体会到，被老爸安排学习任务太痛苦了！后来她和小伙伴们一起出去跑步了，这件事情从表面上看告一段落了。

远离痛苦和追求美好是每个人的本能。小苏被爸爸“安排”后深深体会到了自我安排的幸福，这成为她变得自律的内在动力。在这种动力的驱使下，第二天小苏开始自我安排写作业了。

第3阶段：尝到自我安排的甜头

到了周五下午，小苏跟妈妈说：“妈妈，我今天打算把语文作业都写完！”妈妈看了一下，是两张看拼音写汉字，作业量不算大，于是就对她说：“今天写完问题不大，你加油吧！”说完就离开去做自己的事情了。过了一会儿，妈妈发现小苏没写多少，询问过后才知道遇到了困难，有些拼音不太会拼。

妈妈为小苏进行了详细的解答，小苏按照妈妈讲解的方法尝试着写完一页卷子之后，她再看第二页卷子时惊奇地发现，很多之前不太会的拼音已经全会拼了。

作业完成之后，小苏迫不及待地说：“妈妈，我已经完全掌握拼音了！”小苏开心极了，她在写作业的过程中找到了价值感和自我安排的成就感！

在周五的这件事情当中，小苏感受到了自我安排以及自我主宰学习的乐趣，但这一件事情还不足以让她“爱上”自我安排，所以又有了后面的故事。

第4阶段：巩固自我安排的美好感受

自从小苏完成语文作业后，她又紧接着自主完成了其他科目的作业。她的价值感和幸福感有一点小爆棚，迫不及待地想要安排自己的其他生活。在接下来的周日晚上，她跟妈妈说，想在开学前去一趟游乐园。妈妈说：“可以呀，只要你做好攻略，我一定服从‘安排’。”

妈妈的回答让小苏欣喜若狂，当晚她做了很久的规划，按照她的攻略，大家度过了完美的一天。

小苏通过对写作业以及出去游玩的安排，让她对规划自己的生活有了想法，也有了期待。自此，她开始真正行动起来。

第5阶段：享受精心规划的生活

游乐园之行过后，在距离开学还有两天时，小苏说自己的头发长了，让妈妈带她去理发。到了理发店之后，她让妈妈坐着等她就好，她独自跟理发师沟通了自己的需求和喜好。不仅如此，在理发结束之后，她还衷心地感谢了美女理发师，并且建议妈妈今后也可以找那位理发师理发。在距离开学还有最后一天时，小苏让妈妈带她去购买一些学习用品，为开学做好准备。

到了晚上9:30，她看了看时间说：“妈妈，我要睡了，要不我怕明天起不来。我自己定了6:30的闹钟，明天早上起来我要自己下楼买早餐，你们要吃什么？我一并买回来好了！”妈妈听了小苏的话，感到十分欣慰。

之后的日子，小苏开始尝试着自己上学，自己发展兴趣爱好等，她享受于安排自己的生活，策划自己的人生。她在尝试中获得价值感，又在价值感中进行更多的尝试。从开学的那天起，关于学习和生活的很多事情，她基本不用父母操心了。

这是小苏实现“自我安排”的全过程，经历了以上五个阶段之后，她建立起了属于自己的行为逻辑。

教育问题的解决：搭建行为逻辑，满足自律条件

以上就是帮助孩子逐步安排好自己的学习和生活的过程和步骤，也是自律的形成过程。

有些家长看到这里可能会认为行为逻辑的建立居然这么复杂！这不是复杂与否的问题，而是真正的教育过程就是如此。由于很多家长不了解行为逻辑，不了解行为逻辑的搭建过程，现在通过对行为逻辑的了解，我们可以按照前面介绍的行为逻辑形成的五个阶段，帮助孩子养成自律的好习惯。

简要总结

如前文所说，家长对孩子实施教育的过程，是不断创造其优质行为产生的必要条件的过程。家长一定要记住这一点。否则，不符合行为发展规律的要求与标准，只能让孩子产生逃离的想法。

教育真相的还原：如何让孩子的优秀不再靠概率

家长提问：小陈跟我儿子一直是同班同学，上初一后，他突然在行为上发生了极大的转变。每天早上自觉起床，不需要父母提醒；自己骑自行车上下学，不需要父母接送；每天的功课都安排得井井有条，不需要父母督促。我让儿子按照同学的表现来要求自己，可他却怎么也做不到！现在一个学期过去了，两个孩子差距越来越大，我儿子反倒更加依赖我们，我该怎么办呢？

教育真相：良好行为习惯的养成需要符合行为逻辑

通过前一小节案例的描述，我想大家应该能够体会到，良好行为习惯的养成是需要符合行为逻辑的。但很多家长在培养孩子优质行为的过程中往往遵从的是思维逻辑。

思维逻辑是对行为逻辑下的行为结果进行了思维层面的总结。如果我们把思维逻辑下的结论当作要求提给孩子，会破坏行为逻辑。因为一个人在面对要求时，往往情绪层面是抵触的。这种情绪层面的抵触，会使教育主体的行为输出与教育者所期待的方向截然相反。这就是为什么在思维逻辑下，我们期待出现在孩子身上的良好行为往往很难实现。也是很多家长要求孩子复刻他人的优质行为，孩子不但抵触而且还做不到的原因。

但在行为逻辑下却不是这样，只要条件具备，优质行为便可产生。

从行为逻辑出发，寻找让一个人产生某种行为的条件。但我们要明白，每个人产生相同行为的内在条件和成因是不同的。前文提到的小苏变得自律是因为她找到了价值感，但如果换成了其他人，他们自律的出发点必然是不同的。

教育对于每个孩子而言都是无法复制的，我们需要根据每个孩子特有的属性和思维方式，找到促进他们某种行为输出的内在条件。

教育问题的解决：寻找自律行为产生的内在条件

首先，不要把他人的良好行为结果作为要求提给孩子，这是典型的思维逻辑，很容易引发对抗。

其次，家长如果想让孩子和其他同学一样独立、自律，需要从核心出发，寻找可以让孩子变得自律的内在条件，这个内在条件要符合孩子的性格特征。

简要总结

首先，教育不是家长要求孩子去复刻他人的优秀，这种做法很容易引发对抗；其次，家长要根据孩子特有的内在属性和思维方式找到能够让他们输出优质行为的内在条件。

真 相 9

你的“对错观”解决不了孩子的“对”与“错”

常见的三大教育困惑

有些家长对孩子讲了很多道理，孩子也认同这些道理，但他们在行为层面却没有任何改变。

有些家长经常对孩子发火，虽然每次事后都很后悔，也常常提醒自己无论下次再遇到什么问题，都要控制好自己的情绪，但到了“下次”还是忍不住。

有些家长总是羡慕“别人家的孩子”，但无论怎样对自己的孩子提要求，也无法实现孩子的“大变样”。

为什么“讲道理”没有用？为什么“情绪”总也控制不住？为什么好孩子总是专属于“别人家”？本章将为大家详细解答这些常见的困惑。

教育真相的还原：“讲道理”为什么没有用

家长提问：孩子经常在学校打架，我们给孩子讲了很多道理，他也表示认同，但为什么没有改变呢？

教育真相：“讲道理”是最没道理的事情

很多家长虽然常常对孩子讲道理，却不了解“讲道理”给孩子带来的影响。

第一，讲道理会让孩子产生烦躁情绪。

“你怎么又打架了？爸爸跟你说过多少次在学校不许打架。不管是你把对方打伤了，还是对方把你打伤了，都不是爸爸妈妈想看到的结果。打架属于什么行为？属于没素质你知道吗？这违背了人与人之间文明交往的原则，所以我强调过很多次，打架，那是绝对不允许的……”

很多家长有过这样的体会：本来孩子做错了事，回到家里挺愧疚，但是在家长的一番说教后，孩子眼里的愧疚感不见了，变成了无所谓，最后变成有点不耐烦了。甚至有些时候家长还没有开口，孩子就已经开始反抗：“我知道你要说什么，我知道，都知道……”家长还没有说话，孩子的不耐烦情绪已经满满地溢出了。

第二，讲道理会让孩子认为家长对其行为是可以接受的。

举个例子，一个孩子很清楚地知道自己在学校所犯的某个错误已经被老师告知家长。在他回到家里时，父母的哪种做法会让他释放犯错带来的压力？

第一种做法：父母看到他回来就像没看到一

样，对他完全不理睬。吃饭的时候，也完全不讲话，没有任何与孩子交流的意向。晚上睡觉的时候也早早关上了房门，没有任何和他说话的意思。

第二种做法：父母看到他回来，立刻开始跟他讲道理：“你怎么又打架了？爸爸跟你说过多少次在学校不许打架。不管是你把对方打伤了，还是对方把你打伤了……”

有没有从父母的第一种做法中体会到满满的压力感和压迫感？在这种压力感下，孩子就会反思自己的行为。而第二种做法，让孩子体会到的是：父母还愿意跟我讲道理。他们通过家长“讲道理”的行为捕获到“还有余地”以及“没那么严重”等信息，这种内在的感觉会让孩子在无形中释放因犯错而产生的压力。

再举个例子，一个孩子因为又没有交作业，老师找了家长，以下哪种做法会让孩子进入反思状态？

第一种做法：妈妈给孩子讲了1小时的道理。

“你看你又因为不交作业的事情让老师到我这里来告状，你知道这么做给老师留下的是什么印象吗？老师能喜欢你这样的学生吗？老师不喜欢你，你在班里能待得开心吗？妈妈给你讲过多少次，做事情要想清楚，自己要为做过的事情承担责任！作业是什么？这很明显啊，是你自己的事情，你之前不是也认同写作业是你自己的事情吗？怎么又因为你自己的事情让老师找我呢？”

大家体会一下，是不是在妈妈讲道理的过程中，反而让孩子感觉“这也没什么，我妈妈还是能够接受的”。但假设妈妈换一种情绪传递方式，立刻就能让孩子感受到“我妈妈不能接受”的情绪信息。

第二种做法：孩子回到家里，发现妈妈一个人坐在客厅，一句话也不说。孩子问道：“妈妈，你怎么了？”妈妈没有理会，只是抬手做了一个“不要跟我说话”的手势。

大家体会一下，这个手势是不是非常明确地传递了“不接受”的情绪信息。孩子只有在这种情绪里，才可能反思自己的问题，积极寻找解决问题的方案，这是我们正确传递信息所换回的良好反馈。

情绪决定一个人的行为。如果孩子接收到的情绪信息是“这也没什么”时，那么他肯定没有行为上的改变。“讲道理”往往会让孩子捕获“这也没什么”的信息。这时，“闭嘴”就成为传递情绪的最佳方式，此刻它传递的是“我不接受”的情绪信息。

第三， 道理丰富的是一个人思维层面的信息。

为什么一个人所明白的道理不能改变一个人的行为？因为道理丰富的是一个人的思维认知。认知的丰富和能够让一个人产生行为的感知系统是两码事。一个人的认知再丰富，和其内在情绪的改变没有必然联系，而内在情绪是驱动行为的关键。这就是为什么一个人所明白的道理不会完全改变他的行为，还要触动他的情绪。

一个成绩不好的孩子，不是他从思维层面不认同“好好学习，天天向上”的道理；一个经常打架的孩子，不是他从思维层面不认同“文明交往”的原则；一个课堂上做小动作的孩子，不是他从思维层面不认同课堂上的听课规则……而是在情绪层面没有获得改变现状的情绪信息。

很多人认为孩子错误的行为来自认知层面的信息缺失，也就是不明白一些道理。那是因为大家没有意识到一个人的内在情绪决定着外在行为，所以很多有关外在行为的问题就变得难以解决。

教育问题的解决：传递真实的情绪和态度

“讲道理”是最没道理的事情，可是不讲道理怎么向孩子传递我们的想法和态度呢？答案是通过停止唠叨来传递信息。

不停地讲道理，传递给对方的是令人烦躁的信息，而停止唠叨传递的是我们的真实情绪和态度。

例如，孩子又在学校打架了，老师给孩子的妈妈打电话反馈这个问题。总是承受这类负面的反馈让妈妈感觉自己也特别委屈。大家体会一下，如果这位妈妈闭上嘴巴，不谈自己的委屈，也不针对打架的事情跟孩子讲任何道理，孩子能不能体会到妈妈的委屈情绪？

孩子回到家里发现妈妈默不作声地准备着晚餐，问道：“妈妈，你怎么了？”妈妈下意识地躲开孩子的追问，说：“没事儿，饭马上就好，准备吃饭。”“怎么就没事儿了？我感觉你今天的状态不太对！”“没事儿，你别问了。”妈妈继续低头准备晚餐。

大家可以体会一下这种情绪传递方式——“闭上嘴巴”等于“精准传递信息”。当孩子捕获到妈妈的委屈时，这种情绪就会成为他改变外在行为的内在驱动力——我不能再让我妈妈受委屈了！

简要总结

首先，“讲道理”不仅会让孩子感觉到烦躁，而且会让孩子“认为”我们对他的当下行为是可以接受的；其次，道理丰富的是一个人的思维认知，而思维认知不能完全决定一个人的行为。

在对讲道理有了上述深入认识后，我们应该能够理解一个孩子为什么在大人对他不断地讲道理时却很难有所改变，如果想让孩子在某些事情中体会到我们的情绪和态度，并有所改变，“停止唠叨”是传递信息的有效方式。

教育真相的还原：为什么控制不住自己的情绪

家长提问：几乎每次辅导孩子写作业都会忍不住对他吼叫，事后特别后悔并不断告诫自己：下次辅导作业绝对不可以再这样！但到了下次还会控制不住……我该如何控制好自己的情绪呢？

教育真相：情绪可以影响思维，思维控制不了情绪

我们在处理信息时，通常情绪在思维之前，它能够影响一个人的思维判断，但一个人的思维（大脑）却控制不了自己的情绪。简而言之，情绪是思维的“上级单位”，情绪可以影响思维，但思维却控制不了情绪。

下面我们通过具体场景来体会情绪对思维判断的

影响。

场景1：一个人在回家之前被单位领导批评了一通，还被扣除了当月的奖金。他回家后看到孩子在客厅蹦蹦跳跳。

场景2：一个人在回家之前被单位领导表扬，还超额发放了当月的奖金。他回家后看到孩子在客厅蹦蹦跳跳。

在以上两种情绪下，二人对待孩子会是同样的反应吗？大家大致能体会到，如果在第一种情绪里，有的人会立刻爆发："蹦什么蹦？这里是游乐场吗？"而如果在第二种情绪里，家长往往会对孩子说："你看孩子蹦得真开心！"

上述两个场景表明，在不同情绪下，一个人对同一件事情的内在反馈往往是不同的，所以情绪会左右一个人的评判和选择。

我们再通过一个具体案例来体会思维控制不了情绪。

一个人走夜路时内心极其恐惧，他告诉自己，这个世界没有鬼，这个地方治安也非常好……这种安慰能让自己不害怕或者不恐惧吗？

一个人当众讲话时会很紧张，但是他用思维告诉自己，不用紧张，不用害怕，这没什么的！难道这样就可以让自己不紧张、不慌乱了吗？

上述案例表明，思维控制不了情绪。很多人听到这一观点都很震惊，情绪不可被控制，难道就任由情绪肆意吗？当然不是！正确合理地对待情绪的方式是——拆解情绪的成因或替换不良情绪。

以一个人不敢走夜路为例，假如他不敢走夜路是因为怕黑，那么只要马路上有路灯，亮如白昼，他便能够走出恐惧情绪。因为让他害怕的成因已经不存在了。又或者这个人和家人吵架了，他处于愤怒的情绪之中，于是走上黑暗的街道，也没有任何畏惧感了，因为恐惧情绪已经被愤怒替换。

在日常生活中，我们的情绪时常会被替换，只是我们没有从思维层面把它整理出来而已。通过以下案例，大家可以真切地感受一下。

讲述人：琪琪妈妈

在开车回家的路上，我接到琪琪数学老师的电话，老师说琪琪这次期中考试数学只得了一个良（她平时的数学成绩都是优），虽然第一张试卷全对，但由于马虎，第二张试卷中的六道大题只对了两道……

我越想越气，认为琪琪对待考试的态度太不认真了，真想回到家里就撕掉她的试卷！

回到家里，我直接来到琪琪的房间。她看我回来了，立刻起身站在自己的书桌旁一动不动。我走到她身旁，正要发泄这一路积攒的怒火时，突然发现她已经把做错的每一道题都工工整整地抄在了改错本上，并且认认真真地写出了修改步骤。不仅如此，她还把每一道题出错的原因总结在了题目的下方。

当我看到这一切时，怒火一下子就被扑灭了，我心平气和地询问了琪琪这次没考好的原因，并且还对她进行了安慰。

妈妈没有对琪琪发火，不是自己忍住了，或者控制住了情绪，而是被琪琪认真的态度打动了，所以愤怒情绪瞬间被替换成了对孩子的体谅和安慰。但是如果妈妈没有看到琪琪自责的情绪和认真的态度，愤怒的情绪就会爆发。

父母的感知力决定了他们是否能够代入孩子的情绪，也决定了情绪能否被替换。这也是为什么感知力比较强的父母，情绪都比较稳定，因为他们能够体会到孩子的情绪，而不是处在自我情绪当中。

当我们体会到情绪可以被替换时，生活当中的很多问题便可以迎刃而解。

女儿和妈妈在家里总是发生矛盾，并且每次争吵的时候都会找爸爸评理。这时候爸爸可以这样表达："等一下，我去找个铃铛。当我敲响铃铛的时候，你们就可以依次表达各自的委屈了。注意！千万不要抢拍啊……"这是用幽默替换了母女之间的不良情绪。大家体会一下，当爸爸这么表达后，孩子和妈妈是不是很难进入之前的"对决"状态。

掌握"情绪替换"法则，我们便可以轻松改变孩子的状态，解决家庭成员之间的小矛盾。

再回到"思维控制不了情绪"这一话题上来，有些家长面对这一观念，可能会产生一些疑惑：如果情绪无法被思维控制，那些被"控制"的情绪是怎么回事？答案是：一个人只要能控制住情绪，证明事情的发展并没有触及他的"爆点"。

爸爸让儿子把洗澡时间控制在20分钟内，可是孩子25分钟后才从浴室出来。这时爸爸很生气，但是忍住没有发火。爸爸没有发火是因为孩子的洗澡时间没有逾越让他发火的节点（假设节点是30分钟）。如果孩子并不是过了25分钟出来的，而是洗了50分钟才从浴室出来，这时爸爸的情绪失控了：“你怎么回事?！进去多久了?！”

情绪是不被思维控制的，能被“控制”住的情绪，只能说明它还没有达到“爆点”。当情绪失控的时候，它会直接越过思维去支配一个人的行为，任何人在情绪失控时都会缺乏理性。当我们面对孩子时应正确地处理情绪。

教育问题的解决：代入孩子的真实情绪

当我们对情绪有所了解后，下面我们就以辅导孩子写作业为例，来教会家长如何科学地面对情绪。

有个孩子作业写得很慢并且正确率很低，孩子的妈妈每次看到这样的场景就会忍不住发火，冲着孩子喊叫、怒吼，事后又觉得自己很失态，对孩子产生了很不好的影响，还破坏了亲子关系。但下次遇到相同的情景时，依旧会忍不住发火。而孩子在妈妈的这种情况下产生了压力，作业做得更慢，准确率更低。

在前面讲解的内容中，大家了解到情绪是不可控的，但是可以被替换。作为父母，要具备一定的感知力，不能沉浸在自我情绪里。如果父母尝试着代入孩子的真实情绪，对孩子的状态就会感同身受，父母的情绪就会被孩子的内在情绪所替换。

回到上文中提到的那位发脾气的妈妈，如果她能够感知到孩子写作业速度慢、正确率低是她的急躁情绪带来的，并且体会到孩子是在自己施加的压力下才会反应迟缓，思维能力下降，那她就不会用过往的方式来对待孩子了。对于这位母亲而言，急躁的情绪便不会产生，自然情绪也不会失控。

这就是为什么在社会层面，很多感知力比较强的父母和孩子的关系比较融洽，因为他们通过对孩子情绪的体会，能够理解和体谅孩子。

当我们能够体会孩子的真实情绪时，我们的焦躁或焦虑就会被替换成孩子当下的感受，我们的行为会在这种感受下发生改变。因为情绪能够影响一个人的思维，也可以影响一个人的行为。

不过，当一个人的内在情绪比较匮乏时，是很难代入他人的情绪和感受的。只有提升内在感知力，增强情绪代入感，才不会一直站在自我情绪里看问题。

简要总结

情绪不可被控制，只能被替换。家长应该提升自我感知力，学会感受孩子的内在情绪，这样我们便不会在自我情绪里要求或限制孩子，而是会在互动情绪里去引领孩子。

教育真相的还原：“别人家的孩子”为什么那么优秀

家长提问：我儿子有一个同班同学，他俩从小一起长大。有一件事情我一直想不明白，他们接受同样的教育，但为什么那个孩子成了“别人家的孩子”，十分优秀，而我儿子却没有呢？

教育真相：用“对错”的视角看问题解决不了“对错”

我们的视角不应该放在自己家的孩子与“别人家的孩子”有什么不同上，而应该看看两个孩子的家庭成长的信息环境有什么不同。

孩子之间的不同，在于成长的信息环境不同，信息环境不同主要在于父母传递的情绪信息不同。如果家长能够认识到这层逻辑，那么以下几个方面的差异，会带来孩子在外在思维、行为以及身体素质层面的不同。

1.父母在感知层面的差异

“别人家孩子”的父母往往拥有高感知，他们能够体会孩子内在情绪的变化，也能够体会很多做法在孩子情绪层面所产生的影响。例如，他们不对孩子的事情做过多的要求或限制，是因为他们知道这些做法会让孩子产生对抗或欲望情绪。在感受层面能够做出预判就可以直接避免问题的发生。

拥有高感知的父母，他们的内在情绪与孩子的内在情绪就像连通器一样是连通的。下面我们一起来看看两个案例。

案例1：孩子带着尴尬的表情回到家里，但好像又不好意思跟父母说。感知能力弱的父母无法体会孩子的内在情绪，只是发现孩子不怎么讲话，为了探究真相，也只能催促：“有什么事儿你说呀，你不说我怎么知道呢？”孩子本来就不好意思说，现在又被父母追问，就变得更加紧张，更不愿意倾诉。但如果父母能捕获孩子的情绪，就能有更好的处理方式，他们会这样跟孩子沟通：“没事儿，我像你这么大的时候也会遇到让自己难为情的事情，你要是不好意思开口，可以写张小纸条给我。”家长的一番话既能缓解孩子的尴尬，又能真正地解决问题。

案例2：关于家长辅导孩子写作业的问题。感知能力强的家长体会到孩子由于压力过大而开始“多动”了，一会儿挠挠头，一会儿搓搓橡皮，他们会让孩子休息一会儿，或者暂时离开，孩子的压力就会得到释放。但感知能力弱的家长根本体会不到孩子所面临的压力，不但会指责孩子的“不认真”，而且会给予更大的压力——制止孩子的“多动”行为，最终孩子的学习变得更低效，甚至还可能伴随着出现身体上的抽动。

感知能力弱的家长仿佛与孩子处在两个世界，父母不但体会不到孩子的内在状态，还会因孩子达不到自己的要求而困惑。但高感知的父母不但能够体会孩子的内在状态，还在互动关系下无形中把自己的内在感受传递给孩子，这对于提升孩子的内在素质也是很有利的。

2.父母在能量层面的差异

每个人做事情，除了有目标和方向，还需要有能量。我们经常会看到一些孩子，他们也想好好学习，但由于缺少内在的能量，所以没办法付诸行动；还有一部分孩子，即便付诸行动了，效率也非常低。面对这些情况，家长需要为孩子提供能量，因为在他们成长的过程中，很难通过自身获取能量，而是需要通过与家长互动获得能量补给。

可能大多数家长没有从充能、耗能这类逻辑关系出发，去思考与孩子的互动，所以很多孩子在成长的道路上出现“心有余而力不足”的状态。

学习状态差、学习效率低，这往往都是缺少能量的外在体现。如何为孩子充能，家长应当做到以下两点。

1. 帮孩子抵御耗能的理念和认知

当孩子认为学习是吃苦时，学习会让他感到痛苦，他在无形中消耗着能量，所以面对学习，有积极情绪的孩子比较少。作为父母，应该帮助孩子抵御这种耗能的负面认知。

假如有一天孩子问：“学习是吃苦吗？”大家可以借鉴以下的回答：

“任何了解和掌握新鲜事物的过程都叫学习，你学习滑板车的时候觉得是吃苦吗？你学习玩电子产品的时候觉得是吃苦吗？你学习烘焙的时候觉得是吃苦吗？学习本身是享受的，是幸福的，只是由于太多人是被要求去学习，所以才会觉得学习是吃苦！”类似这样的回答不仅可以帮孩子抵御“学习是吃苦”的负面认识，而且可以帮孩子看清楚，为什么会有那么多人认为“学习是吃苦”。

2. 通过互动为孩子充能

要求、限制、讲道理，这些都会消耗孩子的能量，但与孩子情绪互动却是为孩子充能的。有的孩子缺少安全感，他们通过与父母的情绪互动获得了安全感；有的孩子缺少被理解的感觉，他们通过与父母的情绪互动获得了理解；有的孩子缺少信任感，他们通过与父母的情绪互动获得了信任……

例如，孩子沮丧地对我们说：“老爸、老妈，我昨天在学校做的化学实验又失败了……”爸爸疑惑地问：“这怎么能叫失败呢？只是还没有成功而已！就像你平时写作业一样，作业没写完的时候你会怎么说？”孩子想了想回答道：“我会说作业还没有写完。”爸爸给出肯定的回馈：“对啊，叫作业还没有写完，而不是写作业失败！”

孩子听完一下子就笑了：“没错，没错，化学实验也是一样！不是失败，是还没有成功！”

家长与孩子的互动，不是评判对错与好坏的过程，而是为孩子注入能量与动力的过程。

什么样的父母能够为孩子充能？是积极的、乐观的，而不是消极的、焦虑的。大家可以观察一下身边发展均衡的孩子，看看他们的父母是不是都比较积极，充满正能量。当我们深刻体会到这个层面的逻辑关系时，就应该及时为孩子充能。

3.父母在思维方式上的差异

父母评价孩子的行为是“错的”，如果孩子接受，就会消耗孩子的能量，如果孩子不接受，就会引发孩子与父母的内在情绪对抗。但如果我们用“不够好”或者“不够高”来评价孩子的行为，不仅可以避免对抗，还能为孩子充能！

父母评价孩子的行为是“错的”，还容易引发孩子的不满或委屈情绪。因为“对”有“对”的道理，“错”有“错”的道理，即便孩子确实错了，他们肯定也有自己的道理。让孩子违背自己的内心，接受父母的评判，他即便在语言层面认同，内心也会觉得委屈。但如果我们用“不够高级”来批评孩子的行为，孩子不但会服气，而且能通过被批评的事情让自己拥有提升的目标和方向，这是充能的。

教育问题的解决：不要以“我认为”来看待问题

父母在以上三个层面所存在的差异，造成了与孩子的矛盾，那么问题的解决也应该从这三个方面入手，有针对性地改变。

1.提升感知力

父母应放下自我标准，不要以“我认为”来看待问题，应通过感受捕获信息，提升自我感知力。

2.通过情绪互动为彼此充能

父母用自我标准要求、限制孩子，讲大道理，这样做很容易引发孩子的对抗情绪。情绪对抗会让双方耗能，只有通过情绪互动才能实现彼此充能。

3. 打破固有思维方式

父母面对孩子存在的问题时，那些固有的关于好与坏、对与错的思维方式，很容易在对孩子进行评价时引发彼此的情绪对抗。打破固有思维，站在高维视角考虑问题，有利于提升自我权重，更有利于引领孩子成长的方向。

简要总结

我们的视角不应该放在自己家的孩子与“别人家的孩子”有什么不同上，而应该关注两个家庭的环境信息输入有何不同。“别人家孩子”的父母往往是具有高感知、高能量以及高级思维方式的人。

真相 10

家长的态度决定了家校沟通的质量

老师反馈孩子的问题时，我们应该有自己的态度吗

很多家长在面对老师跟自己反馈孩子在学校的问题时，立刻就变得紧张和焦虑。他们往往会认为，在面对老师的反馈时，不应该有自己的态度，否则就是对老师观点的不认可。一旦不认可老师的观点，就会为孩子带来负面的影响。

首先，这种想法不够客观。因为老师希望与家长客观地进行沟通。

其次，家校双方信息汇总才能更有利于孩子成长。我身边有很多老师，有幼儿园老师、中小学老师，也有大学老师，我们经常聊到这个话题，他们认为老师跟家长反馈问题，主要是想通过沟通获取更多孩子的信息，以此来判断下一步该怎么帮助孩子。

基于以上两点，家长在面对老师反馈的具体问题时，首先应该有自己的态度，其次在与老师沟通时，还应该做有风度的家长。有了这两点，不仅有利于我们在老师心目中树立良好形象，还有利于促进老师与孩子之间的良性互动，更重要的是，正向的家校沟通为孩子健康成长提供了保障！

接下来我们以老师反馈孩子的一个具体问题为例，指导各位家长如何与老师进行沟通。

教育真相的还原：孩子课上小动作不断该怎么办

家长提问：孩子（二年级）在课堂上不好好听课，总是做小动作，课堂上的内容孩子都没太掌握，老师希望家长提醒孩子认真听讲。

教育真相：小动作是“思维过剩”的产物

孩子在课堂上做小动作的行为，很多老师都是不太喜欢的，因为孩子上课做小动作会破坏老师的授课思路和授课情绪。

对于孩子而言，做小动作不代表他不好好听课，也不代表他一定处于走神状态。

很多孩子虽然小动作多，但往往不会影响学习，因为他的小动作是“思维过剩”的产物，他不会因为做小动作而听不到老师在讲什么。

教育问题的解决：找到真正的原因“对症下药”

孩子在课堂上爱做小动作有很多原因，我们要了解自己的孩子到底是哪种情况。

第一，孩子是在所有课堂上小动作都多，还是仅在某科老师的课堂上小动作多；第二，孩子做小动作时，是有意识还是无意识的；第三，如果孩子是有意识地做小动作，他为什么要这么做？孩子行为的出发点是什么，是为了吸引老师、同学的注意力，还是有意捣乱呢？

我们确定了孩子做小动作背后的真实原因，才能对孩子进行正确的疏导和引导。家长在接收到老师的信息反馈时，应该做的是与老师做进一步的沟通。

简要总结

家长应该与老师做进一步的沟通，通过沟通来判断孩子做小动作的具体原因。同时要注意，孩子做小动作不代表一定不好好听课。

教育真相的还原：跟老师沟通会有很多顾虑，该如何调整

家长提问：跟老师沟通总会有很多顾虑，担心言语不当得罪老师，也担心影响老师对孩子的态度，该怎么解决这个问题？

教育真相：没有态度的回应赢不到尊重

很多家长在面对老师反馈的问题时，总是以“对对对”“好好好”“是是是”来回应。

首先，这种回应方式不利于问题的探究和解决；其次，这种没有态度的回应方式也不会赢得老师的尊重。

教育问题的解决：做有态度、有风度的家长

作为家长，我们应该勇于跟老师沟通问题，表明自我态度。如果只是一味地认同老师，会给老师留下“没有想法”的印象，或是不重视孩子的教育，久而久之，家长的行为坚定了老师的这种想法，逐渐不再与家长探讨。作为家长，有自我态度是至关重要的。

什么是有态度？就是在与老师沟通时，家长要有客观的、理性的想法。

客观表达自我观点和想法，就是有态度的体现，也是赢得尊重的基础。有些家长担心表明自己的态度会惹得老师不高兴，那就要看我们是不是有风度了。

什么是风度？风度是指一个人的内在气质和仪态。我们在向老师表达自我态度时的内在情绪不是激进的、对抗的，而是不骄不躁、不卑不亢的。这种状态以及内在的稳定不仅可以缓解老师对孩子的不满情绪，更有利于提升家长在老师心目中的形象。

有态度、有风度的家长更容易获得老师的重视和尊重。在这样的基础上，我们与老师互通有无，通过双方信息的结合来判断、还原孩子的问题，并共同找到解决的方案，这是对孩子成长最大的助力。

我们不仅可以有态度、有风度地表达自我看法，还可以针对孩子在学校的某种行为给出孩子在家中的状态，用于辅助老师做评判，实现家校共赢。

简要总结

做有态度、有风度的家长可以提升在老师心目中的形象。客观地提供孩子的相关信息有助于老师了解孩子，及时解决问题。

教育真相的还原：经常向老师询问孩子在校表现的做法是否可取

家长提问：接孩子放学时见到老师，总是忍不住询问孩子在学校的表现，不知道这种做法是否可取？

教育真相：给孩子贴上了“有问题”的标签

一些比较担心孩子在学校不遵守纪律或者不认真学习的家长，经常在遇到老师时会询问：“老师，我们家孩子今天在学校捣乱了吗？”“老师，我们家孩子今天在学校没做什么出格的事儿吧？”“老师，我们家孩子今天上课又走神儿了吗？”

这种做法从表象来看是家长关心孩子在学校的状态，但从核心来讲，这样的问法是给孩子贴上了“有问题”的标签。而且家长的行为也可能会影响老师对孩子的看法。

家长："老师，我们家孩子今天在学校捣乱了吗？"

老师思考了一下，说："哦，今天还好，就是课间休息的时候他在楼道里来回走动的声响有点大，家长回去提醒一下孩子吧。"

家长的担心情绪影响了老师看待问题的视角，让老师在"搜索问题"的思维方式下去看待孩子。这时很容易"挖掘"到孩子的"问题"，家长的做法容易让孩子被贴上"有问题"的标签。

教育问题的解决：用正向、积极的视角来看待孩子

首先，帮助孩子在老师心目中树立客观良好的形象。

家长在与老师沟通时可以这样说："老师，今天孩子在学校的表现还行吧？""老师，今天孩子有没有一点小进步？"大家体会一下，这种沟通方式是否比较正向、积极。

其次，我们在与孩子沟通老师的相关做法时，也要在孩子面前维护老师的形象。

孩子向家长抱怨老师是很常见的事情，这时家长应该帮助老师消除"误会"，让孩子正向理解老师的做法，维护老师的形象，有利于保持良好的师生关系。家长不要一上来就指责孩子："你这样是不对的！你怎么能这么说老师呢？"这样表达对孩子没有任何帮助。家长应该做的是缓解孩子的负面情绪，消除他对老师的误会，避免孩子因对老师产生排斥心理而影响到相关科目的学习。

家长是老师与孩子互动的纽带，通过与老师的沟通，让孩子在老师心目中留下良好形象；通过与孩子的沟通，让老师在孩子心目中建立高权重形象，促进他们之间的深层次情绪互动。双向沟通促进了师生关系，提升了学习效率，这正是家长作为纽带存在的意义与价值。

简要总结

如果家长询问的内容导致老师给孩子贴上“有问题”的标签，这种询问是大可不必的。家长的询问或沟通能够促进师生之间的了解与互动，这才是智慧的做法。

图书在版编目（CIP）数据

揭秘家庭教育的10个真相 / 田冉著. -- 北京 ：中国妇女出版社，2024.5
ISBN 978-7-5127-2326-9

Ⅰ.①揭… Ⅱ.①田… Ⅲ.①家庭教育 Ⅳ.①G78

中国国家版本馆CIP数据核字（2023）第191430号

策划编辑：王海峰
责任编辑：陈经慧
封面设计：末末美书
责任印制：李志国

出版发行：中国妇女出版社
地　　址：北京市东城区史家胡同甲24号　　邮政编码：100010
电　　话：（010）65133160（发行部）　　65133161（邮购）
网　　址：www.womenbooks.cn
邮　　箱：zgfncbs@womenbooks.cn
法律顾问：北京市道可特律师事务所
经　　销：各地新华书店
印　　刷：北京中科印刷有限公司

开　　本：150mm×215mm　1/16
印　　张：15
字　　数：200千字
版　　次：2024年5月第1版　　2024年5月第1次印刷
定　　价：49.80元